Petra Krönner

Verdichtetes
Horizontale und vertikale Betrachtungen

Für meine Töchter
Maira & Jana

Herstellung und Verlag: BoD – Books on Demand, Norderstedt.
ISBN: 9783732244454
© 2013 Petra Krönner
1. Auflage
Coverdesign und Zeichnungen: Petra Krönner
Gesetzt in Myriad Pro

Inhalt

*Das Bewusstsein
eines Menschen
prägt weitgehend
erlebte und
gelebte Realität.*

Den Wert des eigenen Lebens zu überschauen und mit ihm im Einklang zu sein ist ein lebenslanger Prozess, der uns die Chance gibt, zu den Geheimnissen des Lebens vorzudringen.

Sich mehr und mehr als Ganzheit zu spüren und trotzdem auch als Teil eines größeren Ganzen zu empfinden setzt die Leidenschaft voraus, zu erforschen, wie sich die Teile meines individuellen Lebens zusammensetzen, was ihr innerstes Wesen ist und wie und mit wem sie verbunden sind.

Das Ringen um die Zusammensetzung dieses Puzzles lässt Schmerz und Trauer hochkommen - aber nach geduldigem Forschen auch Freude und Leichtigkeit.

Schon in jungen Jahren war es mir ein spürbarer Drang, mich auf diese innere Forschungsreise zu begeben. In scheinbar endlosen Nächten entstanden Gedichte und poetische Lebens- und Weltbetrachtungen, die mich durch alle meine Lebensphasen hindurch begleitet, gestärkt, getröstet und beglückt haben - stets umgeben von Dichtern und Denkern, die mein Herz bis heute berühren.

Die Vision, das Wesentliche aus alten Weisheiten mit dem Besten aus den neuen Erkenntnissen zu verknüpfen, birgt Klarheit und Güte in sich. Sie schleust uns in den Zirkel des Verstehens ein. Um das Ganze zu verstehen müssen wir Einzelheiten verstehen und umgekehrt. Wie ist das möglich?

Dem amerikanischen Philosophen Ken Wilber verdanken wir ein wunderbares Modell. Vier Perspektiven führen uns in eine tiefgreifende Gesamtschau. Vom ureigenen inneren Erleben kommend, tauchen wir in das Bewusstsein des inniglichen Miteinanders ein. Gleich einer Welle kehren wir diese inneren Wahrheiten in unserem Selbstausdruck nach aussen und verbinden uns so mit der Welt, mit allem was ist.

Diese umfassende Sicht von Geist und Kultur, von Sein und Werden, hat in mir die Kraft einer west-östlichen psychospirituellen Verbundenheit lebendig werden lassen und mir einen weiten kreativen Boden geschenkt.

Die nachfolgenden Gedichte - immer im gleichbleibenden Rhythmus - sind spontan entstandene Gedankenbildungen, die den vier obengenannten Dimensionen entsprungen sind.

Dem interessierten Leser lege ich nahe, der bewährten Methode des "Aufschlagens einer Seite" zu folgen, die vielleicht mit dem vorgefundenen Gedicht einen Impuls, ein Nachdenken oder auch Hinfühlen bewirkt und zum Weiterlesen anregt.

Die Illustrationen sind im Gleichklang mit feiner Anlehnung und Abwandlung meiner Wortbilder entstanden. Näheres unter www.artintegral.de

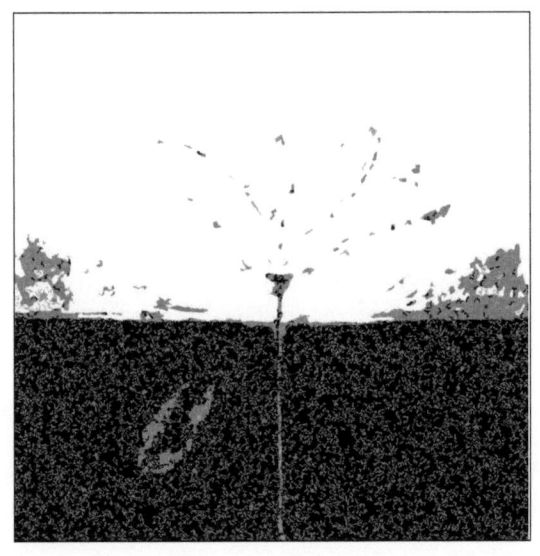

Sichtungen

Stern und Tag - Wurzel und Quelle
Der Kuss und Atem - auch der Rauch
Der Fluss und der See - die Wasserfälle
Sonnenschein - Lachen - Rosenstrauch.
So klingen im Raum urzeitige Worte
Und führen direkt an die innere Pforte.

Auch Torbogen ist ein runder Begriff
Durchgang ein weiterführendes Wort
Pfeil und Bogen - Schwert und Schiff
Bewusstheit belebt das Sinnbild sofort.
Grundkräfte tragend sich ausbreiten
Herz und Seele sich heilend erweiten.

Plötzlich schimmert es fein und rar
Leise - kaum spürbar durch den Spalt
Ich fühle mich wohlig - leicht und wahr
Bin mal blutjung und wieder steinalt.
Sehe Schwarznächtliches im Regen
Genauso licht wie des Tages Segen.

Summend durchtanze ich meine Tage
Die Bilder begeistern den Lebenssinn
Sehe mich vor meiner Lebensfrage
Ob ich die werde - die ich schon bin.
Ungebunden die Kräfte weich wallen
Dem Geist und Körper zum Gefallen.

Die Seele kennt die Kreuzungsweichen
Ihre Zugkraft ist nicht zu verkennen
Das Rückgrat will ich hier vergleichen
Gerade und stark aber biegsam nennen.
Die innere Linie - nach oben gerichtet
Hat immer schon die Höhen gesichtet.

Nimm deinen Traum - schreibe ihn auf
Erforsche den Sinn - was dich bewegt
Komplexe Erlebnisse ziehen herauf
Bedeuten den Einfluss - tief unterlegt.
Vergessenes schaudert im Ahnenreich
Will entkommen dem sumpfigen Teich.

Mythos - gesellschaftsoffener Traum
Dient und wirkt zur geistigen Belehrung
Die eigene Träume - wir ahnen es kaum
Zollen dem eigenen Wesen die Ehrung.
Ist der Mythos aussen und innen im Lot
Ist´s gut - wenn nicht - beginnt die Not.

Das Leben mit Sinn - Vision und Gabe
Ist für den Träumer nicht immer leicht
Zu spüren: ich bin und nicht ich habe
Hat oft Intuition und Handeln erweicht.
Weg und Ziel muss ich selbst erkennen
Imaginieren und die Einsicht benennen.

Puzzle des Lebens - Zusammengefüge
Die uralten Bilder - neu eingekleidet
Fördern die Sicht auf die Lebenslüge
Mit der mein Zeitraum wird vergeudet.
Doch ist das Neue dann im Kommen
Wird wohliges Staunen übernommen.

Der Mut - diese Prüfungen zu bestehen
Holt wahre Schätze aus der Tiefe empor
Aufgetaucht lässt sich alles neu sehen
Rückblickend wächst das Vorbild hervor.
Erfahrungsreich fühlen den eigenen Sinn
Das ist des Erdenspiels größter Gewinn.

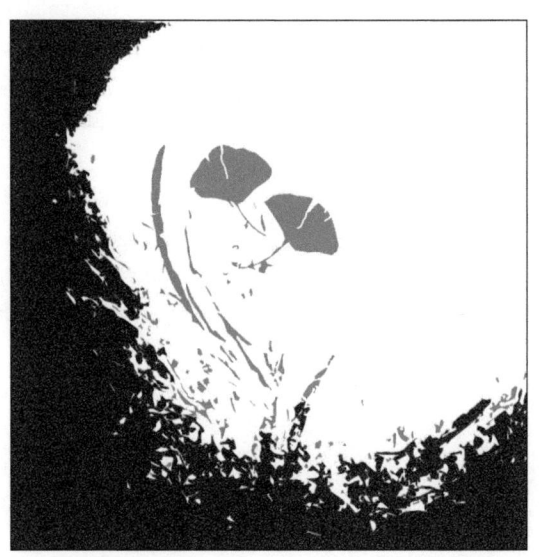

Herbsttag - braungelber Ginkgo-Baum
Unzählige Spalt-Blätter sehe ich liegen
Bezaubernde Form - ich glaube es kaum
Erkenntniswärme will mich umschmiegen.
Es scheint - als raune der Zauberbaum mir
Hier - diese Zweiteilung schenke ich dir.

Ich sammle die Blätter tieferfüllt auf
Zärtlich pressend im Buch der Geister
Fühle den Glücksstrom - bin wohlauf
Dieser Baum ist mein wahrer Meister.
Dreißig Millionen Jahre der Erde
Begrüßt er still und ohne Beschwerde.

Selbst Goethe beschrieb im Liebesbrief
Deutliche Zweiteiligkeit und ihren Sinn
In Einheit gelebt geht nie etwas schief
Wenn ich in Zweiheit auch Eines ich bin.
Es bleibt wohl das Rätsel im Materiellen
Wie Yin und Yang sich zusammen gesellen.

Als Baum Zweitausend wird er uns heilen
Symbolisch mit Weisheit und Lebensdrang
Das Licht und die Hoffnung in ihm weilen
Liebende Zuneigung - kosmischer Klang.
Langes harmonisches Leben er zeigt
Bescheiden sich zu den Heilpflanzen neigt.

Lunge - Haut und in den Tiefen der Stirn
Spüren die Zellen dieses heilende Fließen
Westliche Menschen besonders im Hirn
Fernöstlich sie lieber die Früchte genießen.
Der Ginkgo - ermutigendes Lebenssymbol
Will Einheit erleben - der Erde zum Wohl.

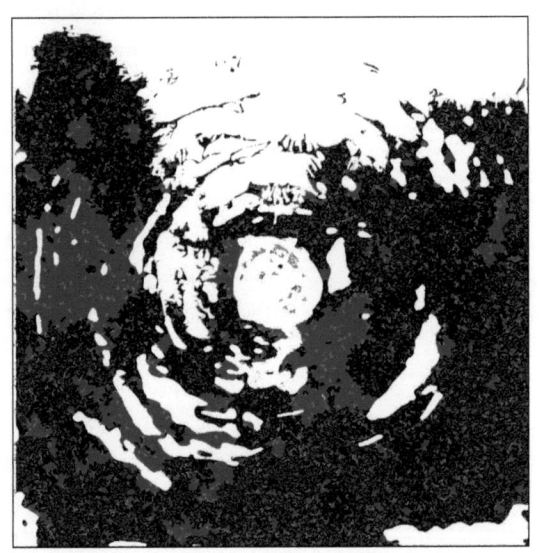

Langsam lassen Blatt und Blüte
Verlockende Morgenstrahlen hinein
Spüren darin die umfassende Güte
Und keiner von ihnen fühlt sich allein.
Die tausend Kelche zeigen mir klar
Was ist täuschend und was ist wahr.

Die Blüten immer zarter erscheinen
Tropfen netzen sie wundersam ein
Ist es mein Lachen oder auch Weinen?
Veränderung gilt jetzt - nicht alte Pein.
Dieses Staunen führt Neues mir vor
Wo stehe ich und was hört mein Ohr?

Die Blüte lebt konzentriert ihre Mitte
Kann leicht und frei im Winde verwehen
Ungetrübt offen ohne jammernde Bitte
Das Fliegen als heiteres Dasein sehen.
Schwebend kann sie sich funkelnd fühlen
Um später wieder im Erdreich zu wühlen.

Erkennt beschaulich in sich das Leben
Beschreibt es innerlich - nährend fein
Weiß - dass Blühen wird wieder streben
Vom Dunkel in den Frühling hinein.
Die Blüte lächelt und weiß es genau
Essentiell spiegeln sich Mann und Frau.

Der Schmetterling beküsst die Blume
Ewig flatternd und doch gegenwärtig
Nichts nützt der Dunkelheit im Ruhme
Wenn helles Denken noch nicht fertig
Eingeprägt in die entfaltenden Kreise
Wo alles sich fügt - auf natürliche Weise.

Den Gral in der Essenz zu erklären
Braucht ein wundervolles Gebilde
Nehmen wir das Licht der Sphären
Mit ihm fällt er in das Weltengefilde.
In diesem Fall als ein lichter Strich
Auf diesem Strahl tanzen du und ich.

Der Gral ist wie ein Strahl zu sehen
Mittig und klar gerichtet nach oben
Lindert milde jegliches Flehen
Menschen diese Erkenntnis loben.
Geschützt und in der Mitte getragen
Gleitet der Gral in die Heldensagen.

Immer waren es Furcht und Begehren
Der Kampf - wer böse ist oder gut.
Gegensatzpaare uns pausenlos lehren
Vor dieser Spaltung sei auf der Hut!
Hier schwarzer Teufel - dort Engelschar
Seit Adam und Eva es immer so war.

Das Gefäß - des Grals tiefe Bedeutung
Bringt fließend die Dualität zum Erlösen
Ändert geschickt die eigene Häutung
Schließt sich auf in Richtung des Bösen.
Bindet es ein - in das eigene Reich
Erhellung wärmt - macht innerlich weich.

Hier wirkt des Grales wertvollster Sinn
Im Nichts und nur mittig gleitet er zu
Es gibt kein: Du bist nicht so wie ich bin
Dieses Erkennen der Einheit bringt Ruh.
Wenn Helle und Dunkel allseitig blicken
Kann der Mensch sich zeitlos beglücken.

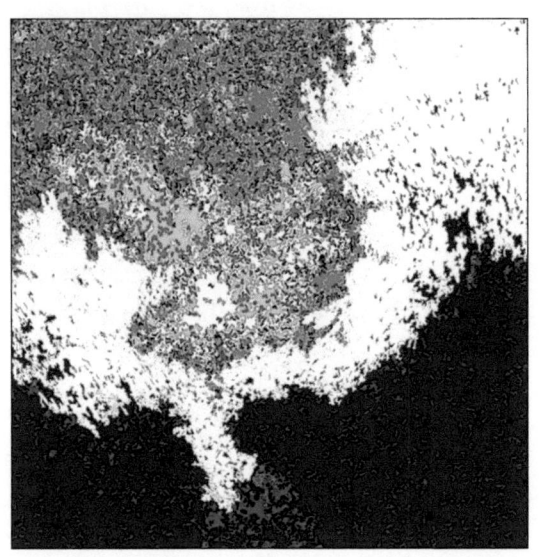

Maya trägt in sich das trügende Bild
Die Illusionen vom Geiste erschaffen
Täuschung schlägt verzweifelt wild
Um sich - lässt die Glieder erschlaffen
Die Emotion kann nur sanft erstillen
Durch einen klaren Blick der Pupillen.

Was ist und was nicht will ich erspüren
Der höheren Töne vollendeter Klang
Wer kann wen wann wohin führen?
Alle wandern am Abgrund entlang.
Im Körper will die Schöpfung spielen
Wünscht das Neue im Alten zu fühlen.

Hier im weltlichen Selbst ich verweile
Mich mit tausend Blättern vertausche
Den Versuchungen nicht mehr nacheile
Den leisen Ton meines Ohres erlausche
Was summend er mir will überbringen
Leise flüsternd: das Selbst soll gelingen.

Fein verschlungen mit Gras und Käfer
Wolken wickeln mich wohlig tief ein
Ich kann sie fassen und bin ihr Schäfer
Dankbar erkennend ich selbst zu sein.
Grillen zirpen dem Männerchor gleich
Harter Gedanke verschmilzt im Weich.

Als Botschafterin Gedichte schreiben
Der innere Reichtum schenkt die Fülle
Möchte im tragenden Freiraum bleiben
Den heutigen Segen genießen in Stille.
Mein Lächeln gilt allem - jedem Schritt
Den Linien folgend schwinge ich mit.

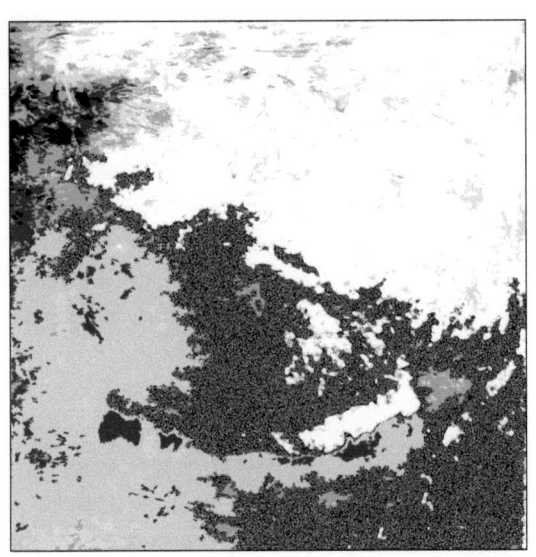

Morgenlicht flüstert die einzige Bitte
Sonnengeflochten durch die Strahlen
Gerade heraus aus wärmender Mitte
Und führt direkt zu meinen Annalen
Die mich prägend leiten und zwingen
Licht zu sehen in weltlichen Dingen.

Gedanken pochen gefühlsumwoben
Bauch-Qualitäten - sie formen sich still
Engel der Krönung hier fröhlich toben
Die Nacht den Tag gerne treffen will
Um frei im Feuer des Lebens zu baden
Die Fülle lädt ein Energie aufzuladen.

Das lichte Leben sich friedvoll feiert
Die Erde will sich weiter entfalten
Kosmischer Klang niemals ausleiert
Bewegung lässt sich nicht anhalten.
Materie will durchdrungen sich spüren
Und ekstatisch sich wieder verlieren.

Seelen verkümmern im Nicht-Nähren
Das irdische Sein hat seinen Nutzen
Indem wir keine Freuden verwehren
Unsere Flügel nicht sinnlos stutzen.
Verschmelzung im Du ist nun gefragt
Egal ob du jung bist oder betagt.

Vergebung heißt das große Erkennen
Eros darf winken und möchte genießen
Er und sie sind niemals zu trennen
Einheit bringt immer Liebe zum Fließen.
Helltürkis steigt der Strom empor
Vergessen ist ein Danach und Davor.

Der Scheitelpunkt gleicht einem Tor
Das offen hochstrebt in den Raum
Schaut tief bewusst ins Auge - zuvor
Sinnblinder Mensch versteht es kaum.
Schöpfertum wird mächtig gesteuert
Weiter Duchblick - der uns erneuert.

Schöpferisch sich in der Zeit zu sehen
Einsichtig leben - Grenzen sprengen
Ein neues Bewusstsein will entstehen
Und überwinden die uralten Engen.
So wird die Erdmutter langsam lichter
Schaut tief in ihre Menschengesichter.

Es folgt ihr Funke - anders zu sichten
Und verströmt sich in alte Wunden
Weltweit Weise uns vieles berichten
Wer sucht hat Seines stets gefunden.
Die Zeituhr lehrt uns das Vergessen
Verbindung wird erneut vermessen.

Erkenntniswogen in den Gedanken
Selbstausdruck - frei will er winken
Sich zärtlich weise um uns ranken
Und tief in unseren Geist einsinken.
Des Tages neue erfrischende Helle
Sprudelt aus der Mondnachtquelle.

Im Herzen sammelt sich das Viele
Durchdringend jede Menschenzelle
Zeigt Lebewesen die höheren Ziele
Mischt weise Träume und das Reelle.
Hier fließt mein Leben leicht und fein
Lässt kraftvoll Schritte zu - ins Sein.

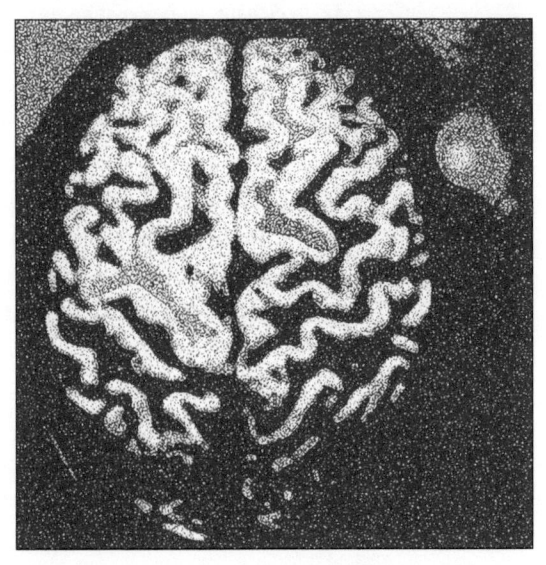

Alles in mir

Verschlungen tief im Kopfesreich
Wirkt grandios gepaart das Gehirn
Sieht einem mächtigen Duo gleich
Fühlt sich an wie weiches Gestirn.
Kann verdrahten und mächtig feuern
Verbindend ändern - sich erneuern.

Steigt hinauf in schwindelnde Höhen
Körperkrönung und Doppelwindung
Will mich lehren all das zu verstehen
Fordert stets auf zur Selbsterfindung.
Spiegelt der Mond hier seine Natur?
Windungen - wie überwinde ich nur?

Abstrahlend in Gemüt und Gezeiten
Steuert der Mond sich nach seiner Uhr
Will weise und im Rhythmus leiten
Des Menschen Gehirn in seiner Struktur.
Bettet naturorientierte Funktionen
Linksseitig - den Verstand zu belohnen.

Links soll Macht und Ruhm zuwinken
Rechts zeigt sich der Opferweg Dir
Verschmilzt Rechts aber mit dem Linken
Entsteht im heiligen Frieden das Wir.
Strömend strebt Dunkles hin zur Helle
Vereint nur finden sie zur Quelle.

Mondnacht sucht liebend ihre Sonne
Schöpferkräfte wirken und wenden
Fördern zur Rechten Instinkt mit Wonne
Wollen heilendes Handeln aussenden.
Gehirn - du reflektierst das duale Gut
Rechts wirkt das Urbild - links siegt der Mut.

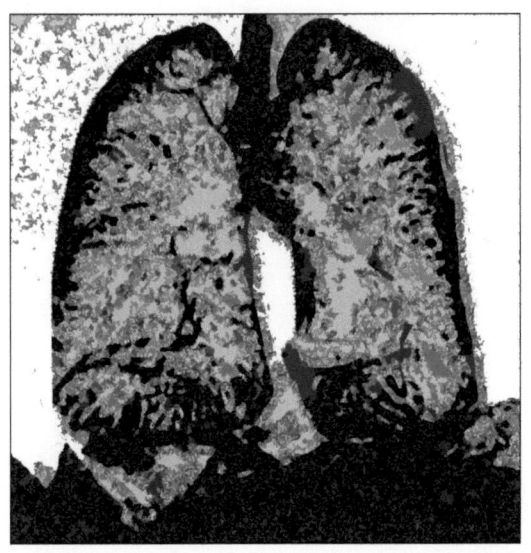

Unsere Lungen nehmen und geben
Sind polar und rundum vonnöten
Der Atem steht klar für unser Leben
Lässt bleich sein oder zart erröten.
Als göttlicher Odem einst eingehaucht
Gibt er - was das Lebendige braucht.

In der Geburt er den Anfang nimmt
Schreiend vollzogen - freudig bemerkt
Beim Sterben der letzte Seufzer entrinnt
Der Körper ist seelenfriedlich entstärkt.
Und ist unser Denken stark übertrieben
Bleibt flach der Atem - je nach Belieben.

Das Wesen des Atems entspricht hier
Merkur - auch Bote des Himmels genannt
Bringt heilende Kunde und ist stets Kurier
Das "Auskurieren" ist allseits bekannt.
Merkur erforscht stets das Unsichtbare
Verteilt blitzschnell seine Schöpferware.

Als Herr der Wege - auch der krummen
Schickt Atemnot er ummerklich schnell
Täuscht die Schlauen und die Dummen
Ist Lehrer des Lebens und das generell.
Er steht für Lernen - Höhen und Tiefen
Lacht über Geister - die wir selbst riefen.

Im Element Luft ist die Lunge geborgen
Der Atem warnt uns vor dem Verschluss
Ist Verbindung vom Gestern zum Morgen
Lehrt uns im Atmen auch den Genuss.
Der Atem ist kosmisch - schlicht universal
Mein ICH führt zum DU - die Höhe ins Tal.

Das Herz - Sinnbild für unseren Kreislauf
Trommelt den Urton hinein in die Mitte
Herzgewebe zeigt im Muster genau auf
Fein eingewoben und mit liebender Bitte
Den Ton im Herzen als Tor zu verstehen
Sich nicht verlieren - Gedanken verdrehen.

Aus Zweiheit steuert das Blut sich entgegen
Spürt deutlich in sich der Menschen Lasten
Die Störung der Psyche ist auch oft zugegen
Das Herz braucht den Takt und ist kein Kasten
Zum nervigen Aufmachen und Verschließen
Um kopflastig aussen auf Ziele zu schießen.

Aus der Fassung geraten kann es rasen
Das Herz - es klopft und die Seele ruft laut
Einer - der dies alles hält nur für Phrasen
Selten die Tiefen des Machtspiels erschaut.
Herzenergie mit der Sonne zu umschreiben
Soll auch in Zukunft die Herzsache bleiben.

Das Herz - Kardinalpunkt mit viel Vitalität
Persönliche Wesensmitte für einen jeden
Hier kommt der Lebensmut niemals zu spät
Spinnt neue Muster mit goldweißen Fäden.
Den Draht zum eigenen Herzen zu pflegen
Wird heilsam auch den Kreislauf anregen.

Das Herz lebt dir vor den Frieden auf Erden
Die nährende Sonne das Lebendige liebt
Das herzliche Dasein ist gewaltig im Werden
Daraus sich die Stufe der Menschheit ergibt.
Ich wünsche jedem - dies herzhaft zu spüren
Das wird bewusst zum Mitgefühl führen.

Bildhaftes Denken bringt Feuer ins Spiel
Die Leber kann ein Lied davon singen
Sie weiß - es braucht oft nicht sehr viel
Schwermut zu spüren in vielen Dingen.
Als ruhender Pol wirkt das schwere Organ
Treibt ständig den Wärmestoffwechsel an.

Wer wohnt und wirkt symbolisch hier
Kundige schmunzeln jetzt lebenserfahren
Die Leber ist Jupiters großes Revier
Menschen möchten sich freudvoll erfahren.
Selbstwert und Wohlgefühl empfangen
Vergessen - was längst schon vergangen.

Auch wirkt sie klar als Lebensspeicher
Erfahrungen schlummern hier verborgen
Nachts arbeitet sie mal hart - mal weicher
Körperorientiert für den neuen Morgen.
Erwartungshaltung tanzt keusch mit ihr
Sinnlich entwickelt sich Lebensdrang hier.

Die wahre Heimat braucht Überwindung
Passivität Richtung Schöpfertum wandeln
Jupiter kämpft bewusst für Selbst-Findung
Unterstützt das wesensgerechte Handeln.
Die eigenen Kräfte in sich voll zu erfahren
Um so ein beschauliches Leben zu wahren.

Jupiter - Schirmherr über Gesetz und Fülle
Fordert den Geist auf und will aktivieren
So wird die Leber zum Symbol einer Brille
Wer achtsam schaut hat nichts zu verlieren.
Fremdbestimmung will sich überwinden
Um grenzüberschreitende Liebe zu finden.

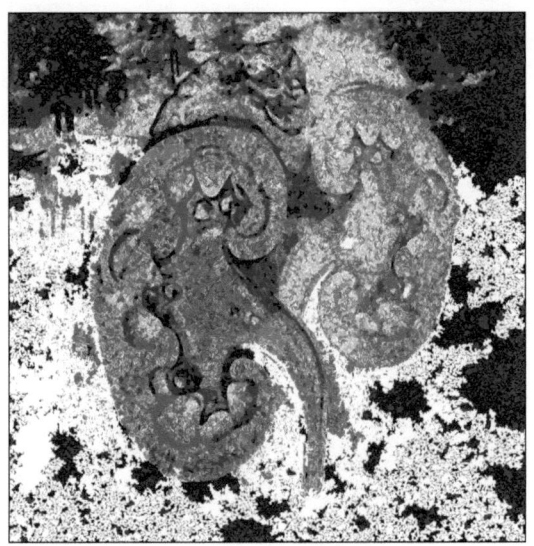

Begeistert mit sehr lebendigen Gaben
Lassen die Nieren sich in uns spüren
Heimlich und leise sie sich daran laben
Um sehnsüchtig uns dorthin zu führen
Wo die Ideale sich zärtlich erträumen
Nieren möchten im Körper aufräumen.

In diesem Sinne mag Venus auch walten
Geheimnisvoll ihre Poesie umher senden
Den Menschen läutern um abzuschalten
Die ewigen Sorgen und Mühen beenden.
Die Göttin der Kunst will warm empfinden
Sich sensitiv in das Gemüt frei einbinden.

Die Nieren sind sehr sensible Organe
In sich tiefgreifend lichtvolle Wesen
Halten stets hoch der Schöpfung Fahne
Möge der Mensch in Schönheit genesen.
Widerstand blockt den Fluss der Sterne
Jedwede Heilung rückt so in die Ferne.

Der Unterleib macht uns oft zu schaffen
Schauen wir doch nur von außen hin
Schade - dass dieses denkende Klaffen
Verkennt und vernebelt den höheren Sinn.
Die Geistigkeit der Organe zu spüren
Lässt uns die Heilkraft nicht verlieren.

Venus - bekannt auch als Abendstern
Ist die Krönung des schönen Denkens
Wie wunderbar funkelt sie oben so fern
Göttin der Liebe und des Schenkens
Freudige Offenheit will sie ausdrücken
Mit ihrer Weitsicht das Leben beglücken.

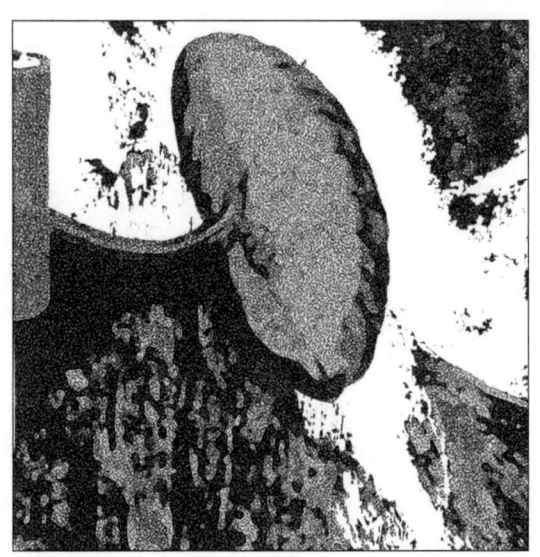

Was weiß ich eigentlich über die Milz
Hat das Gedächtnis in ihr stille Gabe?
Blutreich und erdhaft schießt wie ein Pilz
Sie schnell heraus aus dem Traumgehabe
Fordert ein mahnend den irdischen Stand
Musik spielt hier - in diesem Land.

Bildlich gesehen ist sie Mutter der Launen
Jubelnd ausschweifend - voll Schwärmerei
Mag Wolkenkuckucksheime bestaunen
Irrtümer nicht sehen - nichts finden dabei.
Jetzt kommt grollend Saturn in das Spiel
Hält gar nichts von dem verfehlten Ziel.

Erst sorgt Saturn für die Zeit und Grenzen
Dieser alte müde und mächtige Planet
Droht dem Träumer - verachtet Faulenzen
Ausharrend und still er dort oben steht.
Saturn lebt einsam - ist auch nachtragend
Spricht zur Sonne und das nicht fragend.

Festigkeit und Ordnung - auch die Struktur
Abgrenzung - Trauer - Verlust und Tod
War und ist immer saturnisch - nur
Der Tod springt ins Leben oft in der Not.
Saturn verfolgt einzig die Transformation
Wird oft übersehen - wer achtet ihn schon?

Die Milz hat gespeichert seine harte Art
Gefühle und Stimmungen dürfen zwar sein
Doch die ungebremste und niedere Fahrt
Hat nichts mit Saturn-Qualitäten gemein.
Klar denken und handeln fordert er streng
Das macht die Milzkraft mutig - nicht eng.

Fast unheimlich ist des Körpers Galle
Offensiv schreit sie nach ihrem Recht
Ärger und Ungeduld macht sie zur Falle
Wer verdängt - dem geht es schlecht.
Rücksichtslos fordert die Galle das Sein
Haut kräftig in alle Blockaden hinein.

Distanz und Freiheit hat ihre Tücken
Kriegsgott Mars stürmt mächtig daher
Schießt pfeilgrad in Charakterlücken
Ob mit dem Pfeil -Schwert oder Speer.
Hier gibt es nichts mehr zu verdecken
Oft trifft es die Feigen und die Netten.

Steine nisten in der Galle sich ein
Zeigen durch Kolikschmerz ihre Macht
Die Galle möchte gern Ausdruck sein
Ausweichmanöver sie hämisch verlacht.
Feuerenergie ist mit Mars gekommen
Unentschlossenheit wird uns genommen.

Mars setzt Impulse und meist imposant
Flackerndes Leuchtfeuer in die Seele
So mancher Wille und Wagemut fand
Erkenntnis bezwingt das dumpfe Gequäle.
Die Lebensaufgabe ist zu vollenden
Mit dem Schwert - fest an den Lenden.

Mars liebt es die Welt neu zu entdecken
Jeden Tag unmittelbar als kleinen Teil
Des Lebens Feuer stets zu erwecken
Hellwach zu sein mit Bogen und Pfeil
Zwingt kriegerisch er in den Augenblick
Schenkt mehr oder weniger uns das Glück.

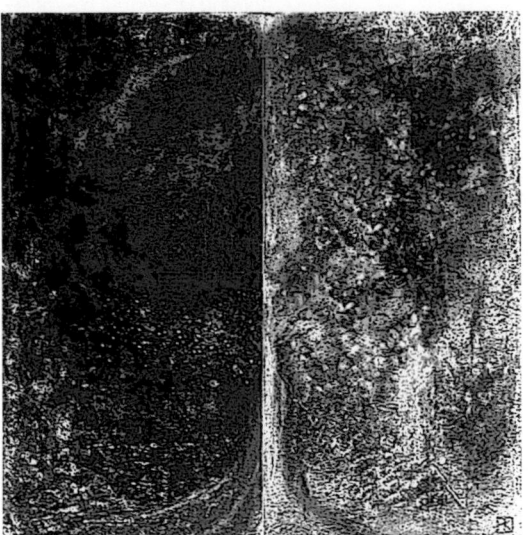

Ein Jeder kann schon heute beginnen
Und Meister Körper wird dankbar sein
Kein Zaudern und kein langes Besinnen
Denn Denken führt oft ins Kämmerlein.
Geduldige Hingabe - in dieser Gnade
Richtet sich mancher Rücken gerade.

Unter Verschluss ist der wahre Traum
Der Yoga kann aus der Tiefe ihn heben
Als Vorbild dienen ihm Berg und Baum
Um Körper und Geist frisch zu beleben.
Das alte Wissen doch ist unentbehrlich
Einseitig lebt es sich leichter gefährlich.

Rein der Geist und die Wogen sind glatt
Junges Samenkorn will hell gedeihen
Still lebendig vom Blättchen zum Blatt
Auf höherer Ebene sich bald einreihen.
Die Sicht auf die Dinge - höchstes Gebot
Bringt bald das Ungleichgewicht ins Lot.

Nichtwissen wird oft zum argen Feind
Wirkliche Wahrheit nicht angenommen
Geistige Trübheit oft munter verneint
Ego verstrickt - verwoben verkommen.
Der Atem - unser lebendiger Schatz
Führt weise Bewusstheit an ihren Platz.

Das Leichte hat einen immensen Wert
Setzt allerdings auch das Joch voraus
Atmen steht für das gezogene Schwert
Führt aus kreisendem Denken heraus.
Auf scharfer Schneide gerade zu stehen
Lässt linke und rechte Wege klar sehen.

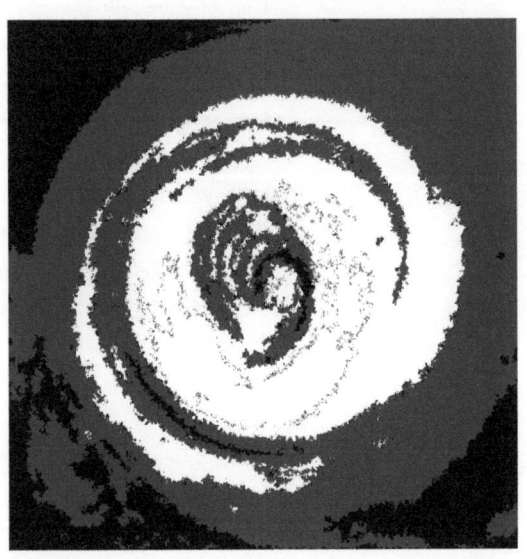

Der Himmel ruft das Wahre auf Erden
Möge der Mensch die Bitte erhören
Der Körper kann weit und offen werden
Wenn wir erkennen die inneren Röhren.
Denn was darin lebt ist Leere im Dunkeln
Aber die Seele kann alles durchfunkeln.

Röhren sind auch als Kanäle zu nennen
Und lehren genau den inneren Zweck
Fordern die Richtungen anzuerkennen
Außen verdichtet und innen nicht leck.
Zerfließend verrinnt sonst die Energie
Bindet sich nicht und erkennt sich nie.

Kanäle sind stets rein auszuputzen
So strömende Energie fließen kann
Es gilt die höheren Stufen zu nutzen
Die heilend wirken in Frau und Mann.
Klar atmen steht für beider Erwachen
Führt leicht die Liebe hin zum Lachen.

Schönheit will ihr Ohr mir schenken
Blickwinkel ändern - körperfein fühlen
Nicht in Sorge um Geld sich verrenken
Abschied nehmen von alten Mühlen.
Der Aufschwung in ein neues Gefilde
Vertreibt im Flug das Ballastgebilde.

Tastend strecken die eigenen Glieder
Weiter werden und sinngemäß reifen
Lustvoll singen die ureigenen Lieder
Hin und wieder nach Sternen greifen.
Wie eine Feder luftig hochschweben
Sich endlich über die Angst erheben.

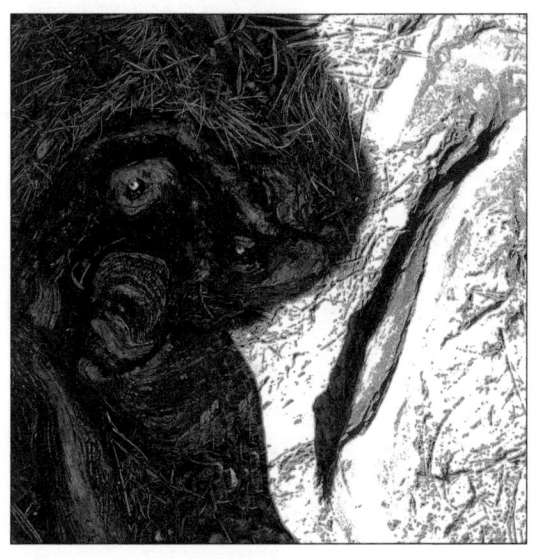

Naturgestalten

Dryaden - Erdmutters schöne Wesen
Winken aus Wipfeln der Heimat Bäume
Als himmlische Mütter - so ist zu lesen
Achten sie Weiblichkeit und ihre Träume.
Die Achse der Liebe steigt hellklar auf
Der Weisheitsweg führt hier baumauf.

Humor in den Wurzelbrüdern erhallt
Erdreichgebunden in Busch und Rinde
Trübsalvertreibend - für sie immer galt
Gib niemals auf beim Suchen und finde!
Erdmännchen schenken uns Neuigkeiten
Hüten den Atem damit wir uns weiten.

Riesen sind furchtbar langsam und karg
Ermahnen unendlich zum göttlichen Ja.
Dem Troll missfällt Überheblichkeit arg
Warnt drohend dem - der das Maß übersah.
Zwerge zeigen durch Kleinheit die Macht
Ohne Zwerg kein König - so ist es gedacht.

Wichtel hegen liebend den Familiensinn
Gemeinschaft ist auch Lachen und Freuen
Führen am Abend zu den Mumen uns hin
Mütter der Nacht - die sanft uns betreuen.
Stilles Mumenwesen gleicht Meditation
Nährender Heilschlaf - wer weiß das schon?

Gnome sorgen gern für die Verwirrung
Spontan originell und immer sehr offen
Zerstreuen sie Pläne und führen zur Irrung
Spielen kindlich - doch ernst sie stets hoffen
Den Geist zu fühlen und nicht zu denken
Mit freiem Kopf wir uns selbst beschenken.

Im Feuer glüht der Salamandergeist
Die Liebe der Existenz in ihm schwingt
Freiheit und Kraft sich in uns beweist
Wenn klare Tatkraft das Neue bringt.
Geboren in Frieden und ewigem Licht
Eine andere Wahrheit kennt Feuer nicht.

Glutgeister nennen wir die Atmanen
Hüten das Mutterherz warm und still
Glühen achtsam zentriert und warnen
Den - der nicht tief in sich schauen will.
Liebend sie stetig den Zeitgarten ehren
Gleichzeitig lichte Gegenwart lehren.

Steinmeister spiegeln das Edelgestein
Beständiges Brennen ist im Kommen
Fels und Brandung sind heiliges Sein
Irdische Zeit wird hier nicht genommen.
Beseelte Materie in der Liebe schwingt
Das große Ganze schrittweise klingt.

Die Kobolde - tatkräftig und spontan
Führen zur Mitte um zu verwirren
Authentisch ein jeder nun sein kann
Mutig bereit sich auch mal zu irren.
Heißspornig rufen sie leise sogleich
Sei wer du bist - dann wirst du reich!

Lichtgeister führen die Hellwachen
Die Wirkung auf das Dasein fein fällt
Schöpferisch wollen sie uns machen
Bringen die Innenschau in die Welt.
Hüllen Forschende in helles Licht
Schenken den Künstlern ihre Sicht.

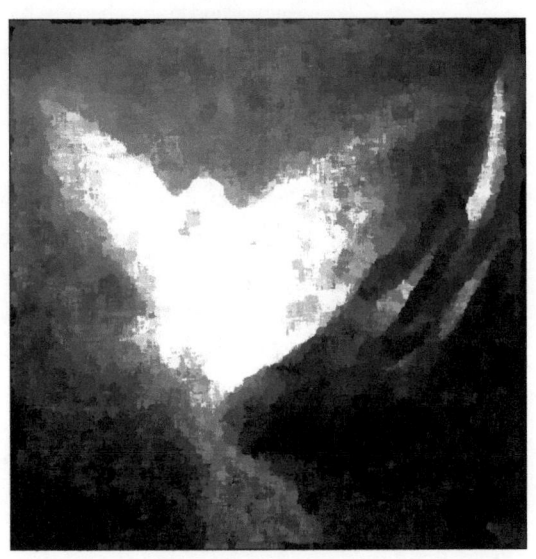

Elfen verzieren des Gemütes Leben
Der Schöpfung Schönheit - Lust am Sein
Freude in Einheit und Zeit zum Vergeben
Sind Kinder der Knospen im Blütenhain
Winken Mutter Mond und Vater Sonne
Klang und Duftfarben sind ihre Wonne.

Feen führen zusammen und verbinden
Bauen Brücken und sind Musen-Kuss
Grüßen zart - sind schnell im schwinden
Ihr heiliges Kommen bringt nie Verdruss.
Feen wehen vorbei - ermuntern zum Mut
Hingebend sich öffnen tut allen gut.

Mit weitem Blick von Felsen und Klippen
In die Ferne gerichtet sich Sylphen zeigen
Wandeln sehnsüchtig - helfen den Sippen
Den Horizont schweigend zu übersteigen.
Hauchen die Botschaft des Atems uns hin
Flüstern durch Windstille leise - ich bin.

Wimmen stehen für Sturm und Gewitter
Zornhorden klagen - sind kraftgeballt
Zerstören grimmig den weltlichen Glitter
Verschonen den Baum nicht und den Wald.
An Eigensinn denken - den ureigenen Kern
Und mitreißendes Lieben haben sie gern.

Das Geistchen ist nur ein kleiner Windstoß
Ein Wirbellüftchen - Impulse uns gebend
Kerzenflackern oder ein Ahnengruß bloß
Eine Böe ist himmel - und erdwärts lebend.
Sie tanzt - liebt und meditiert vor sich hin
Der himmlische Gruß ist ihr einsamer Sinn.

Wasserwesen sind Welt-Gedächtnis
Stehen für die Ordnung der Gewässer
Der Nöcks und Nixen großes Vermächtnis
Ist die Tränenbilanz oder noch besser:
Weg mit den Masken der Souveränität
Aus ruhender Mitte Gleichmut entsteht.

Undinen schnell auf den Wellen reiten
Wilde Schwestern - ihr Reich ist die Gischt
Beweglichkeit hat inspirierende Seiten
Sie schauen - dass Urkraft nicht erlischt.
Vitalität - Leidenschaft - Jubelgeschrei
Im Strom treibend sind sie immer dabei.

Sirenen sich durch die Lüfte fein tragen
Ätherisch schön und schnell entflohen
Über die Seen und Flüsse sie sagen:
Bewusstes Erleben ist der Welten Lohn.
Sie werden von Liebenden oft bestellt
Manch trübe Sehnsucht wird erhellt.

Nymphen wandeln silbrig zwielichtig
Mädchenhaft sanfte und zarte Gestalten
Für sie sind Bergseen und Quellen wichtig
Tanzend sie heilige Wasser verwalten.
Nyaden sind die stillen und weisen Frauen
Die allseits achtsam die Buchten erschauen.

Sie bringen Ruhe - Zeit zum Schweigen
Nyaden sind da um den Nebel zu lichten.
Dem Schauerlichen ist Qualität zu eigen
Unken im sumpfigen Moor uns berichten
Dass ewig sie Dunkel zur Helle hinschieben
Sie lehren uns Hässlichkeit schönzulieben.

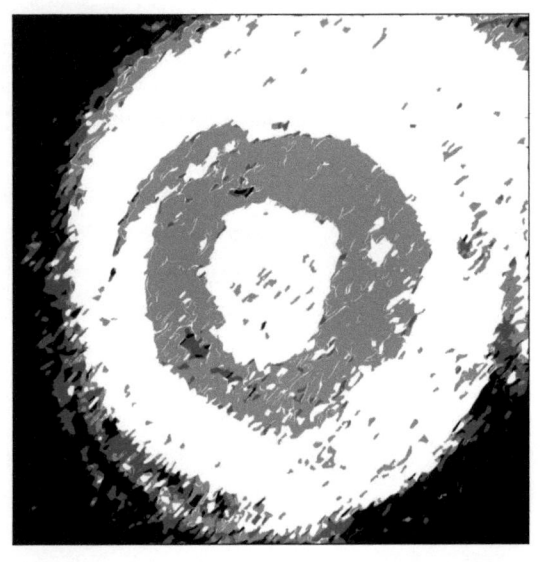

Bilderwelten

Kosmische Ordnung liegt im Kreis
Kreisbilder zeigen die heiligen Werte
Leerer Trieb gleicht verstreutem Reis
Sucht vergebens die höhere Fährte.
In eigener Mitte sich einzureihen
Kann neue Lebenskraft verleihen.

Im Bild will ich Symbolkraft sehen
Innen stets lichtgefüllt - außen klar
Mit Vorstellungskräften umzugehen
Fühlt sich gut an - klingt mir wahr.
Fülle des Kessels in dunkelster Tiefe
Taub wäre ich - wenn sie nicht riefe.

Klares Denken will ich wohl achten
Doch kann es die Tiefenfülle fassen?
Masken erkennen als Höllenfetzen
Um sich selbst nicht zu verpassen?
Das Masken-Urbild fordert mich auf
Schau dahinter - nicht nur drauf!

Kreisförmig in den Bann geraten
Leuchtet Rhythmus in der Bindung
Das Echte führt zu wahren Taten
Fördert liebend die Selbstfindung.
Die Maskenbilder lösen sich weich
Außen und Innen ist alles gleich.

In mir kreist ekstatisches Staunen
Erhaben zähmen - das Ungeheuer
Es lichtend lieben mit seinen Launen
So kommt es mir nah und ist ein neuer
Blick in die Nacht der farbigen Tage
Fragt - wann ich mich weiter wage.

Mythengattungen- Völkergedanken
Wege und Pfade zurück zu dem Einen
Imagination bringt Denken ins Wanken
Diene ich mir - dem dort - oder keinem?
Verwirrungen sind oft stark zugegen
Versperren das Sinnbild auf allen Wegen.

Menschheit - geboren im Mythenwesen
Sündenfall-Kreuz-Erlösung ziehen weiter
Nur innere Stille lässt Menschen genesen
Ist Startkapital für die Sprossen der Leiter.
Die zu mir selbst führt und das tief hinein
Durch Meditation und ein Bei-Sich-Sein.

Drei Zentren sind sagenhaft zu erkennen
Das Kloster - die Burg und auch die Hütte
Tempel - Palast und Stadt ist zu nennen
Auf das die Gemeinschaft nicht zerrütte.
Alles grundsätzlich ein symbolisches Feld
Tragend in sich die Strukturen der Welt.

Innig verknüpft sind Kultur - Zeit und Ort
Worte - neugeschöpft - finden zum Bild
Symbolbilder wandeln sich fließend fort
Und in der Metapher erkraftet dann mild
Die Maske der Schöpfung - und bittet ein
Unsichtbar zeigt sie die Stille im Sein.

Das Bild der inneren Burg will ich malen
Geschützt und sicher mit Blick nach oben
Die innere Festung kann niemals erkahlen
Mutig will meinen Kampfgeist ich loben
Der in der Not meine Mauern durchdringt
Dahinter ein vielseitiges Weltenbild singt.

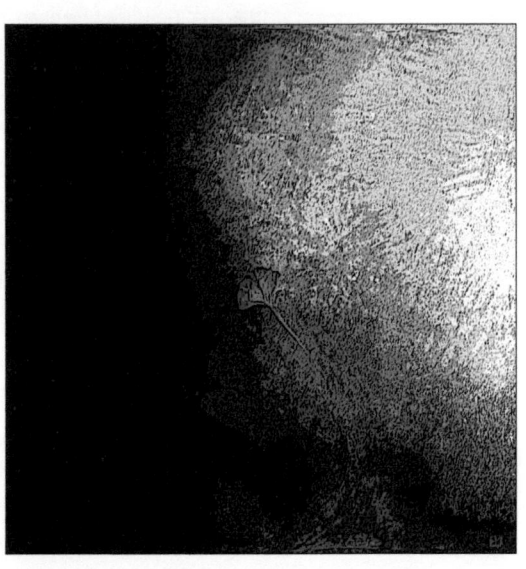

Der Doppelgänger will auftauchen
Wahrgenommen als ein inneres "mein"
Ich frage mich - wie ist das zu machen
Was will der Andere in meinem Sein?
Der Körper und die materielle Schwere
Sie brauchen des stillen Meisters Lehre.

Wo immer er waltet in mir oder drüben
Er wartet leise - ermahnt zum Erwachen
Um täglich ausdauernd mich zu üben
Darüberhinaus zu sehen und zu lachen.
Irdischer Körper will mich beschränken
Ätherischer Körper Leichtigkeit schenken.

Das alles ist nicht im Denken zu klären
Vielmehr holt das Lichtnetz sich in mich
Knüpft Verbindung zu höheren Sphären
Zeigt mir mich selbst - höchst inniglich
Verbunden in Allem in winzigen Formen
Unsinnig scheinen mir weltliche Normen.

Die Welt ist irdisch jedoch zu bestellen
Licht will stets den Schatten berühren
Unnütz ist es über Grenzen zu schnellen
Ohne den Körper welterdig zu fühlen.
Inneren Halt senden Netz und Lichter
Das wissen wohl Philosoph und Dichter.

Sicherweich möchte ich mich bewegen
Menschliche Räume federnd beschreiten
Spüre der Schöpfung liebenden Segen
Schätze den Blick auf des Lebens Weiten.
Wiegende Gräser von oben zu betrachten
Lässt Augenblicke im Herzen still achten.

Feen sind ewig die Engel der Lüfte
Leicht und zärtlich nach oben singend
Sehen auch deutlich die Tiefe der Grüfte
Wo Menschen bitten - hoffnungsringend.
Feen wechseln durchsichtig ihre Kleidung
Helfen Bedürftigen bei der Entscheidung.

Feen sind Frauen - scheinen nie ältlich
Haben Flügel - ein sehr feines Wesen
Boten des Luftreichs und nicht weltlich
Setzen Impulse und locken zum Lesen.
Um Wissens-Reichtum fein umzusetzen
Weht ihr heiliger Geist über Kraftplätzen.

Feen erfüllen Wünsche zeitlich bald
Dem - der fühlt und offen will spüren
Durchleuchten sanft den dunklen Wald
Vom Winde getragen sie Suchende führen
Ins reine Land der Lehrer und Weisen.
Es ist ein Traum mit Feen zu reisen!

Hell und erfüllt sollen Menschen leben
Sich nicht verlieren im weltlichen Denken
Um frei in der Inspiration zu schweben
Diesen Geist wollen Feen uns schenken.
Sanfter Hauch zart die Demut berührt
Und den - der die Welt dahinter erspürt.

Doch schaffen Feen nicht nur Ambiente
Sie stehen auch für des Kopfes Kühle
Herzkräftig bilden sie stets kompetente
Lösungen - vertreiben schwere Gefühle.
Kopf - Herz und Hand gut zu verbinden
Ist federleicht durch die Feen zu finden.

Heldenhaft stark - das einzelne Leben
Grenzenlos schwingend im großen Plan
Göttlich teuflisch und weise wir streben
Zur Erfüllung - doch wie und auch wann?
Mystisch die Sagengestalten uns winken
Fordern zum Fliegen auf oder zum Sinken.

Verkabelt mit helldunklen Phantasien
Wie bin ich wahr und in welcher Gestalt
Wer hat mir meinen Körper geliehen
Wie liebe ich rechtens und werde wie alt?
Ist furchtlos der Mann oder schnell weich
Verliert sich die Frau jetzt im Geisterreich?

Da locken Kräfte in den Sagengestalten
Wohlmeinend aber unruhig wandelnd
Maskenmenschen die Hände noch falten
Zwiespältig zeigend sich im Handeln.
Sehen und hören auf der Bilder Gesang
Führt auf des Messers Schneide entlang.

Sein und Zweck - die Erfahrung ist klar
Gott und Göttin den Ausdruck wollen
So läuft ein Jeder jetzt in die Gefahr
Das urige Bilder ihn hart überrollen.
Sie lehren die Ganzheit - hier und jetzt
Bewusstlos wirst du mächtig zerfetzt.

Urquell und Wille sie gleichsam binden
Persephone herrscht in der Unterwelt
Orpheus will seine Braut dort finden
Mystisches Streben den Geist nun erhellt.
So entsteht Tanzen - Lachen und Spielen
Der Zeitgeist zeigt mir meines im Vielen.

ROT

Farbenlyrik

Tönt der Gewalten lauter Schrei
Und steht die Rache glühend vorn
Stürmt umfassend Leid herbei
Feuerrot mit brennendem Zorn
Fließen mächtig die Kräfte vor Ort
Mühelos kaltroten Lebenssaft fort.

Doch küsst Sophia die Morgenröte
Und am Abend die mohnrote Glut
Spielt Eros blitzend die Zauberflöte
Leuchtendes Feuer verwandelt Mut
Lustvoll in neue Lebenskraft weiter
Feuer knistert raumlos und heiter.

Mars und die Göttin sich beweisen
Ihr Sein ist ein herrliches Liebesspiel
Festlich rubinrot die Seelen reisen
Bringen Einssein flammend zum Ziel.
Die Fülle und Reife dieser Stunden
Wunderbar frei sind sie verbunden.

Hingabe löst die zerrenden Zwänge
Mohnblumen wiegen sich im Wind
Verschwunden ist nun jegliche Enge
Wenn zwei Menschen inniglich sind.
Rosarot fällt erfrischender Regen
Demeter winkt dem Mond entgegen.

Rosen im Garten - weises Schweigen
Der Augenblick ist die ganze Welt
Verbunden im verspielten Reigen
Singen sie blühend zum Himmelszelt.
Nirgendwo ein fragendes Streben
So einfach und wohlig ist das Leben.

BRAUN

Tief träumt Braun im Seelengrund
Voller Sehnsucht nach Vergessen
Liebt das Verweilen im ewigen Bund
Gibt und nimmt stets unvermessen.
Dort - wo der Mensch zuvor gelacht
Sich Schutz und Sicherheit erdacht.

Das dunkle Braun ist der Demut Gut
In Mutter Erde wurzelnd versteckt
Gewandelt beizeiten in höchsten Mut
Denn nur wenn wir innerlich geweckt
Erleben wir dankeserfüllt diese Erde
Verstehen was es heißt: Es werde.

Doch Braun kann auch viel heller sein
Schwingt in der Nahrung feiner Saaten
Lichtvoll und kraftspendend in uns ein
Wertschätzt die daraus entstehende Taten
Fördert stets inneres Wohlbefinden
Wer mag sich nicht mit Braun verbinden?

Spür ich der Ahnen Geist und Gefühle
Was waren sie für Menschgestalten?
Entronnen längst dem Weltengewühle
Sie an der Hand uns sicher halten
So manchen Tag lang mit uns gehen
Höhen und Tiefen gleichsam sehen.

Des Lebens Gold ins Braun bald geht
Der Blätter rascheln weist auf Vergehen
Tragende Wärme hier langsam entsteht
Eingehüllt steh ich in dunklen Wehen.
Geborgenheit winkt von oben herab
Mit Braun geht es ewig auf und ab.

ORANGE

Orange - die Farbe ohne Grenzen
Sonnennah und vielschichtig eigen
Träumt von Sommerluft und Tänzen
Lässt heitere Energien aufsteigen.
Und - in der indischen Ordenstracht
Erleuchtung auch in ihr erwacht.

Rot-Gelb gemischt gibt Orangenrot
Besitzt große Macht im Materiellen
Entspannt und bringt ins rechte Lot
Locker die Müden und die Schnellen
Steigert sich mit feurigen Schwingen
In List und Lust - um davon zu singen.

Schöpferisch und gefühlsüberladen
Schlingt die gelbrote Skalenmacht
Dich wonniglich in den Lebensfaden
Dem lichten Brennpunkt näher sacht.
Lässt Überfluss den Körper spüren
Mars - den Krieger leicht verführen.

Freude steht dem Orange zur Seite
Es schürt kräftig den Lebenssinn
Wirkt erregend und fördert das Weite
Feierlich wärmend zum Heiligen hin.
Denn jeder Sonnenuntergang zeigt
Wie herrlich sich Orange verzweigt.

Als flammende Liebe für diese Welt
Hat mutig Orange sich eingelassen
Strahlend sich zum Höchsten gesellt
In Raum und Zeit hell zu erfassen
Was die Seele nicht immer versteht
Während das Weltenrad weiterdreht.

GELB

Als Farbe der Fülle ist Gelb zu werten
In allen Nuancen so frühlingshaft pur
Für Goethe der Ton der Himmelsgärten
Im lichtvollen Reich der weiten Natur.
Anregendes und befreiendes Sein
Fallen ins strahlende Sonnengelb ein.

Licht der Gestirne - ihr Hüter da oben
Der Lebenskarren - hier unten so schwer
Gelbtöne haben sich rettend erhoben
Leuchten hinaus auf das dunkle Meer.
Warum geht Wahrnehmung nur so leise
Auf diese wunderbar zeitlose Reise?

Gelb ist in Fällen auch warnend streng
Reizt und fordert manch grellen Schrei
Treibt den Menschen und macht ihn eng
Hochmut und Neid sind meistens dabei.
Der Lebensfluss - im Innern blockiert
Hat auch zum Wahnsinn oft geführt.

Gelb drängt vorwärts ins offene Morgen
Blitzt und verführt uns im täglichen Tun
Gefühle raunen - stets tief verborgen
Erwartungen immer im Menschen ruh´n.
Licht oder Schatten sind hier zu sehen
Es gilt - Sonne und Mond zu verstehen.

So mag das Schwefelgelb ich erfassen
Trägdumpfe Prozesse zur Reife führen
Luzifers Botschaft ist leicht zu verpassen
Achtsam weit schauen und nicht verlieren
Die ureigene Sonnenkraft träumend in mir
Du grüngoldenes Gelb - ich danke dir.

Versöhnend sucht das Grün die Mitte
Tragend und lockend zum Verweilen
Ausdauernd und mit der einen Bitte
Hinzuschauen und nicht weiter zu eilen.
Im Wesen von Grün liegt tiefes Besinnen
Das Sein würde fruchtlos sonst verrinnen.

Wälder und Wiesen - grasgrüne Träume
Ziehen um mich herum lichte Kreise
Umarmen herzlich-kraftvoll die Bäume
Hier bin ich natürlich - auf meine Weise.
Im Baum erlebt das Grün seine Macht
Symbolisch wird unsere Seele bewacht.

Der Kräuter Grün lehrt das Überleben
Mit Sicht auf Güter - Heil und Wissen
Eisern pflegt Grünkraft jedes Bestreben
Und will die Achtsamkeit nicht missen.
Herzhaft ewig getränkt und genährt
Menschen sie irdische Kräfte beschert.

Das warme Herz ist im Grünen daheim
Die weise Hand sanft die Erde berührt
Es wächst und gedeiht der junge Keim
Wohl dem - der den zarten Geist erspürt.
Kinder und Greise erkennen den Samen
Wenn Himmel und Erde sich umarmen.

Smaragdgrün zeigt uns das edle Leben
Osiris winkt lächelnd am Ende der Zeit
Wo grüne Augen sich mystisch bewegen
Ist Neuentdeckung von Wissen nicht weit.
Zeit und Bewegung als Zeichen zu sehen
Die grüne Botschaft liegt im Verstehen.

Quellenhaft scheint die blaue Blume
Der Dichtung Herz im Wort hervor
Zieht an den Erdengesang der Mume
Ihr blaues Gewand sie niemals verlor.
Blau ist die Farbe der Seelengebilde
Verströmte Weisheit - himmlische Milde.

Gedankenmeer - unendlich klärend
Weite Höhen sich hellblau verbinden
Nichts ist hier von Dauer fortwährend
Tief taucht Blau - die Sinne empfinden.
Blau ist des Wesens Kern und so treu
Entzündet sich liebend und ewig neu.

Hingeben an das tiefblaue Staunen
Fließendes Blau findet offene Räume
Und geheimnisvoll magische Launen
Damit ich Selbst mich nicht versäume.
Als Mittler in der Schöpfung Pracht
Hat Indigoblau sich breit gemacht.

Blaues entgrenzt - sucht lichtes Glück
Ein Wandervogel schwingt sich auf
Transzendenz schaut niemals zurück
Zum anderen Ufer - zum alten Lauf.
Das Blau-Sein hat noch viele Facetten
Legt bei Verfall den Mensch in Ketten.

Selig erfüllt liebt das Blau im Einen
Bricht wissend in innere Härte ein
Ist wahrhaft und lebendig im Reinen
Liebe und Frieden soll mit allen sein.
Helle saphirblaue Menschengestalten
Werden lichtvoll die Erde verwalten.

VIOLETT

Violett hell in die Nächte einfällt
Durchflutet die alte Schwere so fein
Wandlung ruft - und damit zerschellt
Der harte und materialisierte Schein.
Persönlichkeit soll weiterhin reifen
Weltlichen Anteil im Spiel ergreifen.

Schmerz im Violett sich klammert
So mancher sah die Welt vergehen
Wenn der Tag die Nacht bejammert
Bekommen wir keine Fülle zu sehen.
Denn Fülle reift nur tief in der Nacht
Und wird tagsüber sehr oft verlacht.

Violett spiegelt sich in der Passion
So trifft Transzendenz auf das Vitale
Rot und Blau - wer weiß das schon
Tanzen riskant in der Zeitenspirale.
Höher und weiter wollen sie drehen
Das Universum als unendlich sehen.

Tiefdenker sehen das Violett klar
Als ungebrochene Einheit im Spiel
Impuls und Hingabe locken fürwahr
Mit einem Schatz am eigenen Ziel.
Denn Intuition feinfühlig gelenkt
Macht sensibel - wirkt wie geschenkt.

Eins-Fühlung wäre das passende Wort
Geistige und heilige Lebensmusik
Beziehungen klären - und das sofort
Lassen Schmerz und Trauer zurück.
Sich "Eins" erleben von allen Seiten
Kann Frieden auf der Welt verbreiten.

SCHWARZ

Schwarze Frucht vom alten Holunder
Raben verwunschene Wege bahnen
Trauerschwärze - vergessene Wunder
Lassen sich hinter der Dunkelheit ahnen.
Wo Hochmut - Lüge und Folter wohnen
Lässt sich Schwarz nur schwer entthronen.

Schwarze Schafe und Grabesgründe
Bis weit hinein in den Mutterleib
Es ist als stehe Schwarz nur für Sünde
Doch Isis - das schwarze Götterweib
Kann Neues in den Geist dir weisen
So kannst du hell und weiser reisen.

Menschliche Schatten sich jetzt lösen
Prima materia erlichtet sich breit
Der schwarze Pudel mag noch dösen
Der Rappenhengst steht längst bereit
Schätze der tiefen Nacht zu erfassen
Um Dunkelheit ins Licht zu lassen.

Als Gegenfarbe will Schwarz uns zeigen
Gier - Mangel und Rache bringen die Hölle
Das Weibliche ist nicht zu verschweigen
Diese Entwicklung steht an der Schwelle.
Denn Polarität neuwach zu erleben
Wird das Schwarz in Stufen anheben.

Sich selbst erkennen - auch im andern
In Blendung zu sehen und sich ertragen
Zusammen lässt es sich leichter wandern
Heraus aus den quälenden Lebenslagen.
Vorbei sind Tabus von Tod und Trauer
Die Sicht auf die Dinge wird jetzt genauer.

WEISS

Das Schweigen ist im Weiß zu finden
Weiße Kiesel schmücken den Sand
Mit Blick zum Fenster auf die Linden
Flieht im Weiß der dunkle Verstand.
Die helle Taube fliegt gurrend vorbei
Ab in die Wolken - denn sie ist frei.

Federleicht möchte ich so treiben
Schaum auf meinem Körper spüren
Mit Perlen Liebesbriefe schreiben
Das Einhorn zärtlich mit mir führen
Mit ihm die Milchstraße befahren
Meine Gestalt im Weiß bewahren.

Sommerhell die Kleider schwingen
Im blühenden Margaritenmeer
Enthemmt und frei kann Weiß singen
Es ist so klar und berauschend leer
Durchsichtig und verzaubert es winkt
Und wohlig in der Einheit schwingt.

Schwäne ziehen im Strom vorüber
Weiße Rosen duften am Grabe
Weiß läuft in den Mondschein über
Sammelt dort ein die neue Farbe
Bringt es bunt zurück in die Welt
So wie der Mensch es sich bestellt.

Als Summe aller Farben bekannt
Ist Weiß nur golden steigerbar
Auch ungebrochenes Licht genannt
Macht es den Schöpferwillen klar.
Vollkommen wahr im Weiß zu leben
Kann nur der Augenblick uns geben.

Zwischen dem Atem steht das Grau
Die Natur ist still - hält deutlich inne
Schöpfungskonturen sind ungenau
Es ist - als ob ich tief in mir zerrinne.
Eisgraue Töne noch Zeitlängen hallen
Blühendes kämpft mit dem Verfallen.

Das graue Gewölk will nicht vergehen
Nebel lässt weiße Frauen erkennen
Warum kann niemand sich mehr sehen
Den Augenblick mit Namen nennen.
Träume schwinden vergessend dahin
Menschen zweifeln am Lebenssinn.

Ruhelos schweifen Gedanken umher
Wissen nicht graue Stimmen zu deuten
Fort das Leichte - der Schritt ist schwer
Nirgendwo hellfeine Glocken läuten.
Seelennatur verschwimmt im Grauen
Kann kein Luftschloss mehr erbauen.

Indifferent ist der graue Bereich
Wir hören nicht das Innere grollen
Undurchsichtig wie ein modriger Teich
Will Tristesse mit Grau überrollen.
Gegensätze schreien nach Vermeiden
Und der Geist kann nicht entscheiden.

Doch plötzlich ist im Grau ein Ton
Der zarte rosa Wunder schenkt
Woher er kommt - wer weiß das schon?
Höheres hat sanft ihn von Ferne gelenkt
Um tragend dir schnell zuzufliegen
Wohlige Stille den Geist jetzt wiegen.

SILBER

Mondenlicht so golden schimmert
Und doch dem Silberton verschrieben
Nicht weit die Venus göttlich glimmert
Funkelnd blinkt für alle - die lieben.
Die Weiblichkeit ist im Silber verstrickt
Und macht die Götter oft verrückt.

Silberhell die Trompeten verehren
Festlich die Schöpfung - ihren Klang
Erlesenes Silber - die Alten uns lehren
Frohlockend ruft der Engel Gesang.
Die Rhythmen der Gezeiten rauschen
Fortwährend ihrer Weisheit lauschen.

Die Mondin hat - so wird berichtet
Des Mannes Goldnatur in Händen
Wenn dunkle Macht erst ist vernichtet
Beleuchtet das Silber beider Lenden.
Die Silberschmiedin weiß das genau
Ein Goldschmied stets belebt die Frau.

Silberne Nachen schwimmen hinaus
Werden bald hier und dort anhalten
Des Mondes Licht - ein offenes Haus
Für alle müden Menschengestalten
Die weltlich erschöpft und jetzt leise
Ruhe suchen - nach langer Reise.

Alles ist ein weltbewegendes Spiel
Voller Liebe verneigt sich die Sonne
Vor dem Mond mit dem einzigen Ziel
Einig zu sein in glückseliger Wonne.
Vergessen sind Sünde und Schmerz
Silber bezaubert mein liebendes Herz.

GOLD

Einzigartig und in jeder Betrachtung
Wie es die Sagen und Mythen zeigen
Bedarf das Gold der Welten Achtung
Weil Tag und Nacht sich hier verneigen.
Ob als Herz oder Kreuz in der Hülle
Es spiegelt symbolisch göttliche Fülle.

Farben sind nicht im Gold zu erkennen
Es ist der spiegelnder Sonnenschein
Gold mit einem Begriff zu benennen
Schließt weit des Lebens Atem mit ein
Gold meistert Tiefgang und besticht
Sowohl den Mönch als auch Bösewicht.

Als kostbarstes Gut auf dem Erdenball
Möge ein jeder den Goldsinn erfassen
Gold ist Beschützer im freikühnen Fall
Will Authentizität uns erkennen lassen.
So wird es uns zum Selbstsein führen
Mahnend die alten Wunden berühren.

Goldene Haare - Kugeln und Helden
Leuchten in prächtiger Märchenwelt
Phantastisches will zu Wort sich melden
Weh dem - der das für Unsinn es hält.
Ein goldener Apfel sprüht Sinnbilder aus
Lenkt den Blick über die Dinge hinaus.

Versunkener Schatz - Menschen sehnen
Und wünschen verflossene Werte herbei
Wer offen jetzt ausweint die alten Tränen
Erhält goldenen Mut und tanzt sich frei
Kann leicht wie ein Vogel und ohne Mühen
Mit goldener Sicht ins Unendliche ziehen.

Tier-Repräsentanten

Lebenskraft ist die Macht der Natur
Im Bären wohnt der Geist dieser Sache
Ein Bote auch ist er in mancher Kultur
Damit nach dem Winter sie erwache.
Mütterlichkeit einer Bärin stets gleicht
Das hat so manchen Helden erreicht.

Artemis - Zeus und Kallisto die Schöne
Kamen im Bärengewand einst daher
Auf das man sich an die Höhle gewöhne
Fruchtbarkeit schlummert weise im Bär.
Und seine Höhle ist rechtens im Raum
Steht für Visionen und für den Traum.

Wild lebt noch die Urnatur im Bären
Die Zyklen - Tod und Auferstehen
Möchte ihn einer doch nicht verehren
Mag auch den Teufel er in ihm sehen.
Doch wir wissen - dass beides in einem
Will neues Leben im Hellen und Reinen.

Bär - Symbol auch für die Schwärze
Vollkommen sollen Menschen werden
Dunkelheit aussen und innen die Kerze
So kann ein jeder sich auch gut erden.
Der Urinstinkt wird alsbald sehr fein
Würde und Tapferkeit liegen im Sein.

Sinnbild für Regeln und Emotionen
Zielorientiert - hellwach er brummt
Seelenstärke im Bären still wohnen
Der Bienen Nektar auch in ihm summt.
Im Schweigen liegen Antwort und Frage.
Jeder bringt sie in sich selbst zutage.

Lamirala - sie kommt aus weiter Ferne
Wusste und ahnte nichts von der Welt
Stürzte zu Boden - sprach nur: ich lerne
Hat Windpferd und Einhorn dazu bestellt.
Die in den Weiten sie liebend begleiten
Stets heil und sicher nachhause geleiten.

Lamiralas Heim ist das Licht im Mond
Ihr linkes Auge will immer drauf zielen
Ihr rechtes Auge bereits oben wohnt
So muss sie ständig dazwischen spielen
Damit ihr Leben auf Erden kann glühen
Entscheidet sie - ihr Schwert zu ziehen.

Zweischneidig sich das Leben ihr zeigt
Lamirala fühlt das seit "ihrem Fall" klar
Das Helle sich gerne zum Dunkel neigt
Wahrheit und Lüge als drohendes Paar.
So sucht sie und findet in ihrer Natur
Rechts-Mittig-Links den trennenden Flur.

Das Windpferd darf den Geist ihr klären
Das Einhorn stößt entscheidend mit ein
Verwirrung kann sich nicht vermehren
Der schmale Grat zwingt sie ins Sein.
Lamirala erkennt in der Form des Leidens
Die Energie des schnellen Entscheidens.

Der Drachen naht und droht auch ihr an
Sie tief zu beugen in täuschende Rollen
Blitzschnell sieht sie darin Frau und Mann
Ewig erschöpft durch ihr ständiges Wollen.
Siebenmal atmen - der Drache ihr weicht
Des Schwertes edelster Sinn ist erreicht.

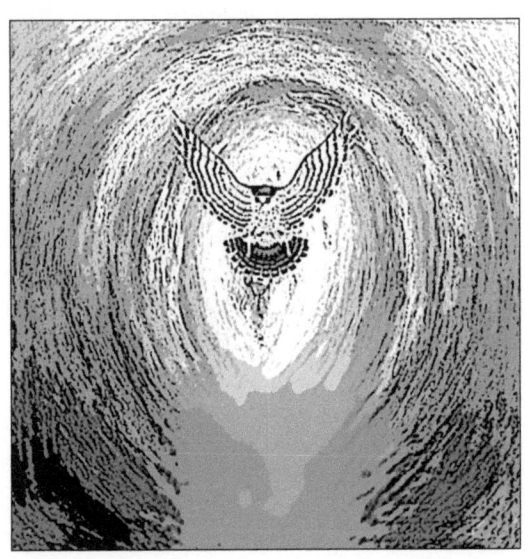

Sonnige Nabelkraft - wärmende Weite
Tanzt symbolisch mit dem Sonnenschein
Mondsonnige Augen - Höhe mal Breite
Des Falken Flug ist schwingendes Sein.
Es ist seine Würde sich so zu verhalten
Nur Machtdunkel ließe Leben erkalten.

Feuer gleich Schwert - Kelch gleich Wasser
Münzen - schwirrende Kinder der Luft
Ernst und warnend liegt um so krasser
Der erdene Holzstab und hütet die Gruft.
Mit Gruft ist gemeint tief irdischer Sinn
Der deutlich hinweist - fragt wer ich bin.

Vielfach verbunden mit tausend Sternen
Das Henkelkreuz weist seit Zeiten darauf
Symbole liebend und spielend erlernen
Was führt den Falken in die Sonne hinauf?
Der Falke fliegt frei und erhaben empor
Bewacht den Mond und holt Venus hervor.

So sahen es ewig schon auch die Kelten
Der Falke - Gotteskraft wohnt in der Sonne
Kämpft am Tage - überfliegt die Geprellten
Macht erstrebend in Würde und Wonne.
Kennt übermittelnd wohl andere Welten
Sendet Impulse - denn Weitsicht will gelten.

Der Falke - auch Blauer Vogel genannt
Bietet das Bild des erhabenen Fluges
Hat nie die geistige Knechtschaft gekannt
Steht nicht im Bann des engen Betruges.
Vor geistiger Dürre sein Auge uns warnt
Nutze zwei Flügel - so Horus uns mahnt.

Der Geier ist weiblich - so gesehen
Steht die Empfängnis für ihn im Wind
Erstblicklich ist nicht recht zu verstehen
Wie eine Jungfrau empfängt ihr Kind.
Als Pneuma wurde es einst bekundet
Ein Hauch sich in den Geist einrundet.

Symbolisch der Geier die Brut gebar
Materie entsteht durch Wind und Geist
Des Geiers Verhalten ist urig - fürwahr
Da er keine Tötung im Leben aufweist.
Stets fraß er den Dreck der Erde nur auf
Gebeine mit letzten Fleischfetzen drauf.

Ägyptens Urgöttin - Urmutter zugleich
Trägt in den Glyphen den Namen Geier
Stets gedeiht im Mutterschoss weich
Unbegrenzt Mitgefühl und reines Feuer.
Süd- und Ostwind schwängern das Tier
Geierwissen lehrt das Hinschauen mir!

Hohes Schweigen dient der Landung
Geiergleich fühlen sich freie Seelen
Augen mit schwarz-weißer Umrandung
Sehen Mühsal und menschliches Quälen.
Ewige Ordnung durch göttliche Planung
Totenreichs Herrscher senden Ahnung.

Fliegend ins Land der aufgehenden Sonne
Dem lockenden Reich mit dem Neubeginn
Trägt auf dem Rücken der Geier mit Wonne
Das Schwarzdunkle endlich zum Lichte hin.
Begleitender Schatten ist ihm einerlei
Er gibt sich hin und das Dunkel wird frei.

Unschuld ist dem Lamm zu eigen
Geopfert verleumdet und hingerichtet
Dem Frühling gehört es im Jahresreigen
Bis heute - es hat die Fischzeit gelichtet
Ist neues waltendes Wachstumssymbol
Wissende wissen das lange sehr wohl.

Das Lamm steht für die Christuskraft
Der gute Hirte - er hütet die Herde
So das Lamm den Sprung gut schafft
Zum Höheren - zum Stirb und Werde.
Es geht zum Anfang - zur Widderstärke
Und unterstützt die göttlichen Werke.

Natürliche Kräfte verlieren Unschuld
Erst in der Beziehung mit irdischer Welt
Das Morden der Wesen war und ist Kult
Schlachtbänke - tief der Mensch hier fällt.
Liebenswürdig das Lamm dabei bleibt
Sich höchsten Segen stets einverleibt.

Wollig und zärtlich in den Kinderarmen
Zählt es die Sterne - schlummert ein
Fügt sich dem irdisch-groben Rahmen
Als Opferlamm leicht und lebendig ein.
Im Gehorsam und im höchsten Willen
Wird es menschliche Sehnsucht stillen.

Unberührt voll und von reiner Natur
Schwingt das Sinnbild des Lammes still
Erhaben von Makel - frei und ganz pur
Einzig es Unschuld uns bringen will.
In diesem Tier - wer hätte es gedacht
Das Alpha und Omega über uns wacht.

Klangwellen summen im Bienenstock
Melissa - die Biene und auch alte Weise
Pelzig lebend im schwarzgelben Rock
Seit allen Zeiten auf unendlicher Reise.
Im Pollenflug formend die liegende Acht
In ihr das Weltengeheimnis erwacht.

Das tägliche Mühen mit Freude zu tun
Zeigen Bienen mit goldenen Saft
Nachts im Bienenstock wohlig sie ruhen
Während der Mensch im Traume schafft.
Indem er blind treibt und droht zu fallen
Verbindet die Biene sich liebend in Allem.

In Bienen wohnt die Menschheitsstruktur
Höchstgradige Ordnung - heiliger Schein
Weise Lehrer wussten all dieses - nur
Wer würdigt heute noch Bienen und Sein?
Als Priesterinnen in den Mythen sie sühnen
Indem sie kraftvoll dem Weiblichen dienen.

Biene und Honig heißt schöpferisch leben.
Kreativ Wort und Bild jetzt deutlich fließen
Erkennen - betrachten - staunend geben
Lassen uns Menschen die Fülle genießen.
So erstrahlt Weisheit aus höchsten Sphären
Bienenkraft lässt stets Wachstum gebären.

Frage Bienen - willst umfassend du wissen
Warm und tief ihr Geheimnis sie wahren
Einmal erfahren heißt niemals mehr missen
In ihnen Himmel und Erde sich paaren.
Das innere Auge sieht schlagartig weit
Des Lebenssinn leuchtende Ewigkeit.

Wie oft waren wir als Kinder berührt
Lauschten so mancher Fabelgeschichte
Wahrnehmung hat mich dazu geführt
Diese zu formen in reiche Gedichte.
Jetzt dreht sich alles um folgendes Tier
Es steht für Erkenntnis und für die Gier.

Einst lebte im Keltenbaum Yggdrasil
Der Ratatösk - legendär Rattenzahn
Hoch aus den Höhen zur Wurzel er will
Raufrunter gleich einer Achterbahn.
Rattenzahn oder auch Eichhorn genannt
Ist für´s Sammeln und Horten bekannt.

Nie fallgefährdet von unten nach oben
Turnt feuerfarben er oder schwarzgrau
Fühlt sich im Höhenkurs aufgehoben
Vorratssammelnd munter und schlau.
Ein Eichhorn stellt fest in der Winterzeit
Ob erdiges Konto wirkt - und wie weit.

Symbolisch stellt sich mir keine Frage
Das Rauf und Runter ist fließende Kraft
Aus der Tiefe tritt leuchtend zutage
Die Mensch-Energie - der fließende Saft.
Die Ambivalenz des Weichen und Harten
Auflösung sehend von höheren Warten.

Im Eichhorn liegt bildlich klar die Gier
Kernmengen will unzählig er horten
Doch spielt die Himmelsmusik ihm hier
Verströmt sich beseelt im Baum allerorten.
Das flinke Tier sucht die Süße im Kern
Zwiespältig spiegelt darin sein Stern.

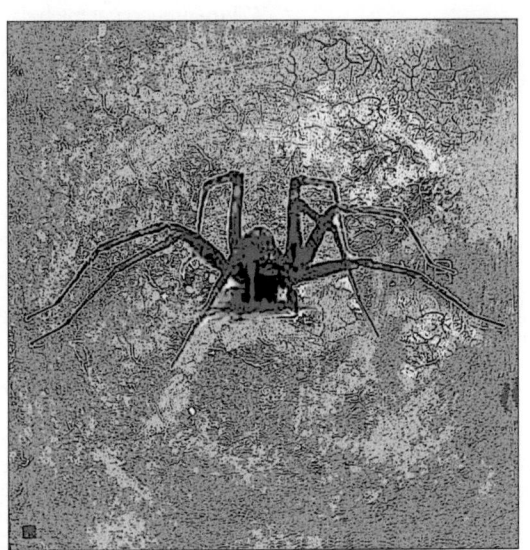

Ton und Schwingung sind Geschwister
Das Spinnenweib hat sie einst erfunden
Gleichsam fragend in leisem Geflüster
Wie drehen wir uns in diesen Runden -
Wer sind wir und was dient dem Ganzen?
Niemals zweifeln Tierwelt und Pflanzen.

Die Spinne steht für das große Weben
Ist Spinnerin - hütend den Lebensfaden
Der Mensch wird die Einheit erst erleben
Wenn er den Zwiespalt hat eingeladen
Die Zweiheit - den gärenden Gegensatz
Zusammengefügt hat das Einssein Platz.

Die Sprache soll in den Spinnen wohnen
Rauschender Sündenflut vorher entflohen
Sie das Gesetz und die Ordnung betonen
Vor Illusionen auch warnend sie drohen
Falls einer sehr in sich selbst ist verstrickt
Der eigene Faden ihn fast schon zerdrückt.

Feinfühlig und der Umgarnung kund
Sorgt die Spinne für grollendes Wetter
Entwicklung läuft - mal eckig mal rund
Sie zwingt uns auf die Weltbühnenbretter.
Bewusstsein soll Unbewusstes erfühlen
Sich jeder mit ureigener Maske spielen.

Vernetzt ist das Schicksal aller Wesen
Die Spinne bringt uns auch das Alphabet
In ihm ist die Welt des Fortschritts zu lesen
Wenn es um Erdenwanderung geht.
Der Spinnenkörper - geformt nach der Acht
Offenbart deutlich die symbolische Macht.

Nun mag es alles ja sehr eigen tönen
Wenn das Rabentier kommt ins Spiel
Will mit dem Dunkel mich versöhnen
Denn - ach so oft - war es mein Ziel
Das Weiß ausschließlich zu erstreben
Anderen Rot und Schwarz zu geben.

Das schattige Untier folgte mir lange
Abartige Formen schlichen sich ein
Fragend - warum ich mich so verfange
Anstatt zu geniessen den Sonnenschein.
Mondhaft lockt die Lebensaufgabe
Darin bewegt sich mein schwarzer Rabe.

Dem Sonnengott einst stahl er das Licht
Um ewig selbst im Weiß zu bleiben
Doch Himmlisches erreicht mich nicht
Will ich nur Sonniges mir einverleiben.
Schwarz gebrannt das Tier jetzt versteht
Warum das Morgenrot niemals vergeht.

Die Rabenmutter - dies gilt es zu klären
Treibt zielstrebig ihre Jungen hart an
Auf dass sie der Verwirrung sich wehren
Indem sie erkennen den ewigen Plan.
Und roten Zwiespalt dorthin nun führen
Wo Frau und Mann die Höhe berühren.

Schwarzes Gefieder sanft will verstecken
Die Allwissenheit und das rufende Licht
Möge ein jeder schwarz-weiß entdecken
So ihm das Ganze nicht mehr zerbricht.
Rabenrot kennen - heißt Grünen im Keim
Jetzt bin ich wohl und lebendig im Sein.

Stille Weisheitslehrer

Die Reise beginnt vor deinen Füßen
Innerlich ruhig sein ist Lebenszustand
Ohne Tür kannst du jeden begrüßen
Gefahrlos gehen in beliebiges Land.
Zeit und Raum wollen Sein erklären
Hingebend leer und begrifflos lehren.

Tue es jetzt und dann lasse es gut sein
Beurteile nichts - auch nicht den andern
Denke nicht lange - halte den Geist rein
Und lausche weise beim Durchwandern.
Das schlaue Wissen ist nicht die Natur
Strebe nicht - sag ein Willkommen nur.

Störe den Freilauf von Dingen nicht
Der Meister hat kein Eigenempfinden
Ist Mitgefühl von Gesicht zu Gesicht
Sieht alles durch der Bäume Rinden.
Die Welt an sich stellt Veränderung dar
Hältst du Starres und Steifes für wahr?

Ein Schüler des Sehens ist immer weich
Hier erdenfest - dort himmelserfahren
Fließend still leben - der Güte steinreich
Ist das Geheimnis vom Hüter des Wahren.
Maßvoll und frei von gebundenen Ideen
Zeigt es kurz - um es gleich zu verwehen.

Gleichmut gewinnen ist Übungssache
Fort sind Kontrolle-Macht-Rache und Gier
Fang schnell den Freigeist ein und lache
Lebe den Wimpernschlag heute und hier.
Nähren heißt einfach nichts zu erzwingen
So tanzt du friedlich und mit den Dingen.

Die weisen Meister leben die Einheit
Fühlen sich nicht im Vielen verloren
Sind unter uns - ihre Herzen sind weit
Öffnen liebend uns Geist und Ohren.
Bewusstsein oder getrenntes Gebahren
Wird nur ganz still in sich selbst erfahren.

Es gilt nicht um den Buddha zu ringen
Die Sonne und Wälder und Blütenkelche
Der heilige Franz oder Hilde von Bingen
Alle sind eins in sich und jene welche
Ausströmen fein die erworbene Kunde
Uns segnend führen zur höheren Runde.

Das Seelenbild wirkt farbenreich tragend
Ruft tief nach dem Selbst-sich-empfinden
Um Licht einzufiltern - die Zeit befragend
Es nicht zu tun - wäre wohl ein Versünden.
Hier liegt der Stein der Weisen im Tiefen
Ein Jammer - wenn wir diesen verschliefen.

Des Mythos Trennung ist fast am Beenden
Menschenkinder erkennen das schon
Himmel und Erde uns Zeichen zusenden
Durch Regenbogen und den Urweltenton.
Unangemessen und perfekt alles wollen
Lässt das Universum warnend ergrollen.

Mein unvollkommenes Leben anschauen
Lässt frei sich anfühlen im Daseinsgefüge
Komplexe wandeln und Wohlsein aufbauen
Lässt spüren und vergessen die Lebenslüge.
Das Pfauenauge tanzt leichtfüßig im Wind
Spielt weise sehend mit dem inneren Kind.

Gewaltig reißt sie ein - die Barriere
Subjekt und Objekt Ebenen tauschen
Der Sturz vollzieht sich in die Leere
Unmöglich auf sich selbst zu lauschen.
Macht existiert als mein Potential
Und das zu sichten ist katastrophal.

Handlung hat in der Tat ihre Tücken
Geistig im Dunkel oder im Lichten
Wie groß klaffen die Sinneslücken
Wer will sein Leben lauwarm richten?
Kann mir der Augenblick das sagen
Komme ich nicht in zweifelnde Lagen.

Oder braucht es ewige Schmerzen
Der zähschweren Übergangsthemen
Es ist - als wandeln tausenfach Kerzen
Und keine ist absolut leicht zu nehmen.
Ermüdet richte ich mich nach innen
Ruhe kehrt ein - Zeit zum Besinnen.

Linear der Geist möchte noch schalten
Widerstand schreit - mein Kurs in Nöten
So kann ich die Ebene nicht gut verwalten
Das Ego schleudert - ist schwer zu töten.
Enttäuschung führt zum neuen Sehen
Stärkt Herz und Hand im Vorwärtsgehen.

Denken und Handeln - Zyklusprozesse
Sie rollen hart an und oft unerwartet
Führt ein Entweichen in andere Engpässe
Danach wird es leichter und Neues startet.
Im Traum sehe kraftvoll ich den Helden
Und der wird sich jetzt zu Worte melden.

Es war die Zeit - zwölftes Jahrhundert
Im Traum erweckt sie den Gedanken
Sogleich war fragend ich verwundert
Was will traumhaft mich umranken ?
Die Minne bewegte in mir ihr Sein
Und strömt All-Menschenliebe ein.

Troubadoure - aus Europas Geschichte
Besangen der Liebe Psychologie
In ihren Gesängen - auch durch Gedichte
Erreichten sie Menschen - beglückten sie.
Sie waren die Ersten im Abendland
Die umfassende Liebe haben erkannt.

Sich liebend und gelöst zu verbinden
Nicht nur durch Eros zutiefst berührt
Im Höheren will sich Agape stets finden
Von Eros feurig betört und verführt.
Agape zaubert die Geistliebe ins Spiel
Zusammen mit Eros bewegt das viel.

Hier sei bewusst und klar unterschieden
Alles darf sein - ich muss es nur wissen
Wird klartiefer Augenkontakt vermieden
Ist gräulich der Spiegel und zersplissen.
In Auge und Herz sich spiegelt die Welt
Wer achtsam es schaut ist gut bestellt.

Die Libido ist über das Credo zu stellen
Bedeutet: Lebenskraft über den Glauben
Gemeinsam wird das die Paare erhellen
Dieser Erkenntnis sich nicht zu berauben.
Im zweisamen Herzen den Weg zu sehen
Kann leicht und luftig ich froh verstehen.

Geheiligt werde des Vaters Namen
Am Anfang war des Wortes Klang
Atomstrukturen formen Rahmen
Umschleiern die Worte lebenslang.
Jeder Gedanke ist Schwingung pur
Wirkend im Himmel und in der Natur.

In Einsamkeit stürzte sich das Licht
Teilte in zwei - schaffte Gegensätze
Sich tausendfach immer neu erbricht
Im Kern versteckt die geistigen Schätze.
Jedes Wort wird beseelende Kraft
Bringt in Bewegung den Lebenssaft.

Felder ziehen konzentrischen Kreise
Erdenluft zeichnet die Lebewesen
Atmend tanze ich mir Art und Weise
Die sanft vom Ego lässt mich genesen.
Wenn nicht wohlig und warm gelebt
Stets kaltes Leiden die Ursachen webt.

Was einst da oben voll in dem Einen
Umarmt im Zwielicht die Umlaufbahn
Langsam sind viele mit sich im Reinen
Erkennen den eigenen Lebensplan.
Die Vernetzung der zwei inneren Seiten
Müssen wir alle jetzt wach vorbereiten.

Die Mutter unser - der blaue Planet
Stöhnt viel zu lange unter der Schwere
Zeigt mahnend uns wie es um sie steht
Fordert den Einzelnen sich zu bewähren.
Es gilt den Auftrag selbst zu benennen
Und der Schöpfung Sinn anzuerkennen.

In Wortschöpfungen tönt die Poesie
Im Einen verdichtet sich das Ganze
Einzelne verstehen nicht genau - wie
Doch wächst ein Land wie eine Pflanze.
Im Tell ist Landescharakter gestaltet
Eidgenössisch noch heute verwaltet.

Unschuldig wohlgemut zeigt sich Tell
Folgend innerem Schöpfungszustand
Traf er doch hier den Lebensurquell
Der ihn fest an sein Bergvolk band.
Schweizer Seele schwingt im Freien
Fremdbestimmung sie nicht verzeihen.

Auf sich still gestellt im eigenen Sein
Apfelschuss und der Sprung vom Kahn
Im tapferen Glauben schafft es allein
Der - der geistige Haltung annahm.
Des Augenblicks Güte sei erwähnt
Die innere Stimme sich danach sehnt.

Innerlich eigenem Geist zu lauschen
Mit tiefem Vertrauen in gegebene Zeit
Nicht ohne Wachstum einzutauschen
Die alten Urängste - weit und breit.
Der Starke ist mächtig und oft allein
Fügt fühlend sich ins Menschsein ein.

Der Tell - Symbol für Verbundenheit
Verkörpert dadurch Menschenideale
Ihm stand die Seelenkraft leise bereit
Erkenntnis führte vom Berg zum Tale.
Mit offenem Mut zur höheren Tat
Ein Land seine Freiheit erobert hat.

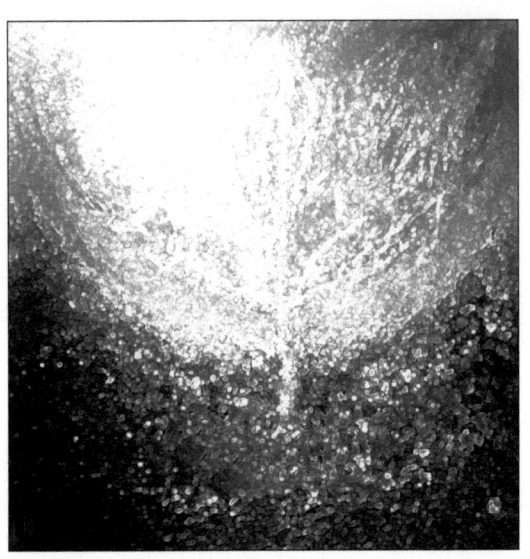

Darüberhinaus ich gehen will
Auf meine so eigensinnige Art
Die innere Ruhe rumort in mir still
Ist geistig auf wilder Herzensfahrt.
Ab jetzt sehe ich es mir bildlich an
Mein Herz sich so entspannen kann.

Göttliches soll in der Ferne wohnen
Da oben - jenseits des großen Feldes
Als geistiger Tatbestand dort thronen
Abseits des bunten Weltengemäldes.
Ob Weltbeweger gar Mann mit Bart
Gott hier verschiedene Namen hat.

Wo in Gott kein Name mehr klingt
Lauschen die Mystiker weise hin
Transzendenz neue Freiräume bringt
Jenseits der Worte - im höheren Sinn.
Will ich die Raumzeit nicht begrenzen
Fallen mir ab so manche Tendenzen..

Es ist nicht zu fühlen - nicht zu denken
Eindeutig ist nichts festzulegen
So will ich liebend mich beschenken
Frei und mit der Schöpfung Segen.
Wo Menschen wüten um ihre Rechte
Bleiben sie oft ihre eigenen Knechte.

Komm her mein Bild und zeige Licht
Vielschichtig bunt schillert es mir zu
Will mich lesen im Menschengesicht
Freischwebend fein das Ich jetzt im Du.
Vereint sind Sonne - Mond und Sterne
Und winken hell mir zu - aus der Ferne.

Ein Bild sagt mehr mir als ein Wort
Ist kein Ding im gewöhnlichen Sinn
Der innere Urquell ist himmlischer Ort
Dort werde ich die - die ich schon bin.
Das Himmelreich wartet tief im Innen
Ruft auf - des Höheren sich zu besinnen.

Der Mythos bringt mich meist dorthin
Flüstert Geheimnisse mir in die Ohren
Das äußere Bild zeigt keinen Gewinn
Doch Tiefsinn habe ich nicht verloren.
Wo Innen- und Außenwelt sich berühren
Zu diesem Punkt will die Seele führen.

Begrenzung mag ich Sünde nennen
Uneigentlicher Zustand vieler Leute
Was die Weisen in sich längst erkennen
Einen im Anderen - gestern und heute.
Metaphern lieben - Durchsicht erwerben
Das Leben ruft uns durch das Sterben.

Einst waren wir tänzelnde Monaden
Eins in uns selbst - auch im anderen
Stets webend den evolutionären Faden
Bedeutet vier Weltseiten abzuwandern.
Die Mythologie gleicht dem Labyrinth
Taumelnde Menschen am Rande sind.

Ich trete heraus - gleichzeitig ins Tor
Lebendig still und mit leichtem Schritt
Mache mir selbst auch nichts mehr vor
Folge dem Fluss - er nimmt mich mit.
Herrlich treibend in Höhen und Breiten
Spüre ich - wie mich die Bilder begleiten.

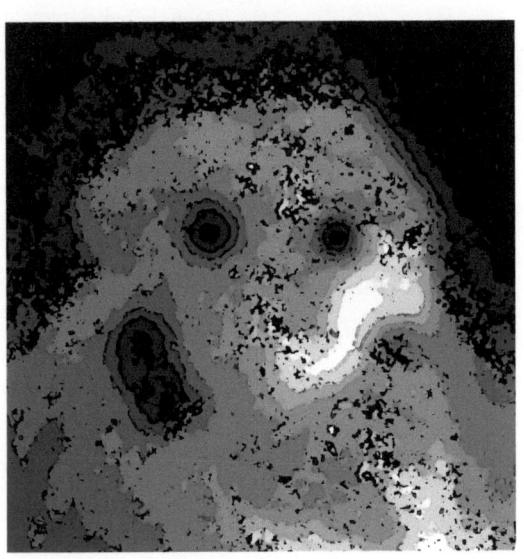

Gruppenglaube mag sich lohnen
Für den Einen und anderen nicht
Andere sind oft so und sie wohnen
Fremden Ortes im matten Licht.
Arbeiter - Denker oder Managertyp
Wer ist mir mehr oder weniger lieb?

Da ist jemand und wirkt gerade
Ein Zweiter liebt es sich anzulehnen
Ein Dritter mag es ohne Gnade
Der Vierte fühlt ein starkes Sehnen.
Fünf und Sechs sind ängstliche Leute
Der Siebte fragt das Leben heute.

Dann gibt es sogenannte Schlimme
Die gute Laune können verderben
Sprechen mächtig mit lauter Stimme
So fällt der Tag in tausend Scherben.
Du liebe Güte - was soll das Ganze?
Kraft- und glückloses Seilgetanze.

Und es gibt solche die gerne warten
Ob im Leben noch etwas passiert
Abgestimmt ringsum im Privaten
Bestmöglich und sicherheitsorientiert.
Um mit diesen Formen umzugehen
Muss ich wohl auch bei mir hinsehen.

Mit donnernder Stimme leise im Ohr
Erkenne ich nun mit Schrecken das eine
Die Bilder mache ich mir doch nur vor
Selbstüberschätzung ist das Gemeine.
Denn wenn ich die bin - wie ich gedacht
Ist jeder Gedanke stets hausgemacht.

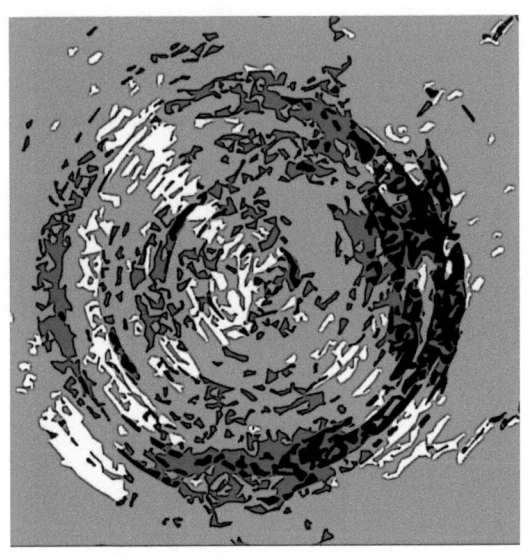

Raumwechsel

Symbolisch sind du und ich ein Wir
Zusammengefügt zu einem Ganzen
Zurückverbunden im Jetzt und Hier
Um als Bindeglied leichter zu tanzen.
Innigste Form ist seit jeher der Kreis
In allen Kulturen führt er den Beweis.

Schau ich achtsam auf das Runde
Bin ich leise betrachtend in mir
Fühle Schutz und das Gesunde
Verstehe nicht mehr Hass und Gier.
Ehre von Herzen die bunten Tage
Stelle dem Leben auch keine Frage.

Der Adler sein Nest rundum erbaut
Umschlossen warm nicht ohne Grund
Von vier Kardinalpunkten er ausschaut
Dreihundertsechzig Grad sind rund.
Der Welten-Raum ist darin erschlossen
Und in die Menschheit eingeflossen.

Lebenszeit ist der Aspekt des Runden
Gehen und Kommen im Labyrinth
Oft habe ich tiefes Staunen empfunden
Als weiblich Gereifte und auch als Kind.
Ursprung und Ende sind zeitloser Traum
Alpha und Omega heißt dieser Raum.

Der Tages- und Jahresablauf lässt grüßen
Mutterschoß - Tod und die Reinkarnation
Das Fischersymbol beginnt bei den Füßen
War Jesus-Zeichen vor langer Zeit schon.
Licht und Schutz segnete stets den Ring
Bewusster fühlt jeder - der ihn empfing.

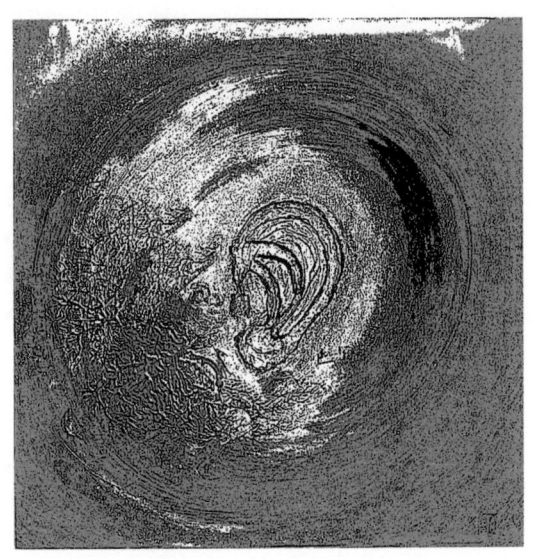

Hörend geboren - schauend bestellt
Wer will vor hohem Ton sich retten?
Mit Wachs im Ohr zeigt sich die Welt
Odysseus legte am Mast sich in Ketten
Um der Begegnung blind zu entfliehen
Sich klingender Lockung zu entziehen.

Blindheit stets steigert die Sehergabe
Homer - ein überaus hörender Mann
Er sah Odysseus mit seinem Gehabe
Wie dieser verlor - und doch gewann.
So bleibt es offen uns auch zu fragen
Wo hätten die Töne ihn hingetragen?

Mir schauderts in der Tiefe der Sprache
Höre bewusst und fühlend ich hin
Spüre ich - dass ich lebendig erwache
Und deutlich erkenne klingenden Sinn.
Dunkles mit hellem Licht tönt empor
Klingend schimmert sein Wesen hervor.

Raunend holt Erdmutter das Sagen
Missverstanden von Menschenseite
Stellt nun massiv essenzielle Fragen
Fordert streng ein unsere innere Weite.
Dort wo das Ohr einlädt zum Lauschen
Zeigt Urgrund sich im Sinnesrauschen.

Das Auge wird uns oft noch verwirren
Vieles strömt täuschend blind in uns ein
Lässt viele Menschen doch weiter irren
Urteilend jammernd - taub für das Sein.
Wer Auge - Herz und Ohr hat verbunden
Fällt in die Mitte - hat Boden gefunden.

Wenn der Atem im Willen still liegt
Der Geist sich in das Werkzeug bindet
Die Silbe sich im Schlüsselwort wiegt
Und alsbald in zwei Silben erfindet
Will ein Mantra sichweit entfalten
Um Vibrationen im All zu gestalten

Nichtwissend was es letztlich heißt
Fördert es still die Hingabe zu üben
Und erwarte nicht - dass es beweist
Was im Guten liegt oder im Trüben.
Einfach nur sein und an sich glauben
Kann Bewusstsein höher schrauben.

Jedes Mantra bestimmt seinen Brauch
Klingt und führt zum Urquellgedanken
Stiller Atem in Kopf - Herz und Bauch
Im Atmen kann ich nicht mehr wanken.
Das Sutra führt über den Klang hinweg
Zeigt der Fügung erfüllenden Zweck.

Wirklichkeitswurzeln sind hell und rein
Ein Sutra wird die Intuition anschalten
Die Wiederholung wirkt absolut fein
Und kann Materie sinnlich verwalten.
Das Sutra gleicht dem Himmelsfaden
Der liebend will ins Netz einladen.

Im Wiederholen der ureigenen Töne
Schwingen Mantra und Sutra mit
Leiten vom Denken in das Schöne
Führen synchrongemäß den Schritt.
Intuitionen die Weichen klar stellen
Nichtörtlich schwingen sie in Wellen.

Das Labyrinth - die wandelnde Form
Dient als ein Spiegel des Seelenlebens
Bedient sich der tiefsten Ängste Norm
Lehrt den - der flieht - leider vergebens.
Bedeutet Kampf in der inneren Natur
Der Sieg ist das Selbstbewusstsein nur.

So schlängeln Wege sich tief im Innern
Verwirrendes sich im Leibe erreicht
Pfade - die ständig uns daran erinnern
Zu wachsen - bevor der Körper erbleicht.
Das spürt auch fein unsere Aussenhülle
Wenn aus dem Innen leuchtet die Fülle.

Immer zur Mitte hin locken die Wege
Innenpfad folgend - nicht den Grenzen
Sei hell und präsent und nicht zu träge
So zeigen Richtung sich und Essenzen.
Das Aussen - die Mitte und das Innen
Lassen uns leichter auf uns besinnen.

Auch dient es als Basis für edlen Dekor
Rundes die Völker seit jeher erfreute
Im Schlosspark - in Kirchen oder davor
Des Menschen Kreisweg sich erneute.
In allen erdenklich vielfältigen Arten
Lädt weltweit er ein - der alte Irrgarten.

Und sein symbolisches Weltbild ist offen
Ein jeder für sich geht hier ein und aus
Lässt alle und auch den einzelnen hoffen
Das mit Erkenntnis man komme heraus.
Den Gang vom Himmel zur Erde zu sehen
Bedeutet - den eigenen Weg zu gehen.

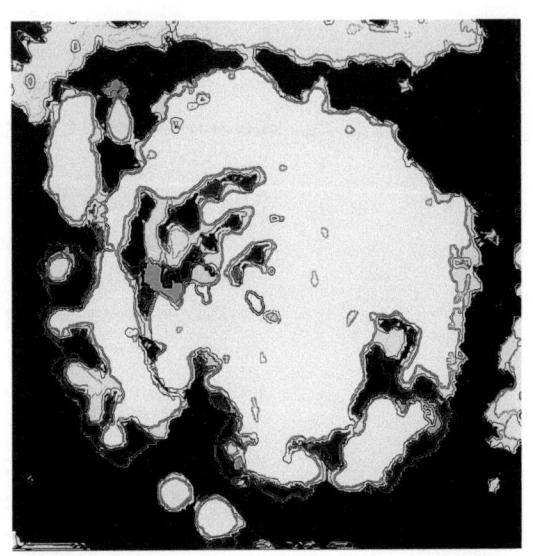

In der Erfahrung lebt Gleichzeitigkeit
Tief zieht sie viele in fesselnden Bann
Doch Zeitverwaltung fordert das Leid
Und alles fängt wieder von vorne an.
Über der Zeit wohnt das ewige Staunen
Lächelnd über menschlichen Launen.

Zornig die Gotteshorden sich rüsten
Muss maschinengleich ich leben?
Mechanisch dumpf in den Gelüsten
Nur linear - und nicht höher streben?
Schneidend ich den Nebel mir kläre
So alte Hemmungen nicht vermehre.

Vergängliches und Beständiges einen
Bilder jetzt in mir sich fein gestalten
Bedeutet - das Jetzt nicht zu verneinen
Gleichzeitig auch nicht zu zerspalten.
Im Spalt ruft blinzelnd wahrer Humor
Mache ich spielend mir etwas vor?

Das ist das Strahlen im Kreisgetanze
Weltallumrundend - im Sichelmond
Ab und zu mit trommelnder Lanze
Zeitlich kurz ticken wo Ewigkeit wohnt.
Shivas Flamme die Zeit jetzt verbrennt
Ob der Mensch sich darin verrennt?

Unterm Strich will die Ethik uns lehren
Zu leben als wäre der andere mein Ich
Nur so kann ich mein altes Begehren
Umwandeln in ein: nun liebe ich mich.
Dann fließt meine Mitte in den andern
Einheitlich will ich zweisam wandern.

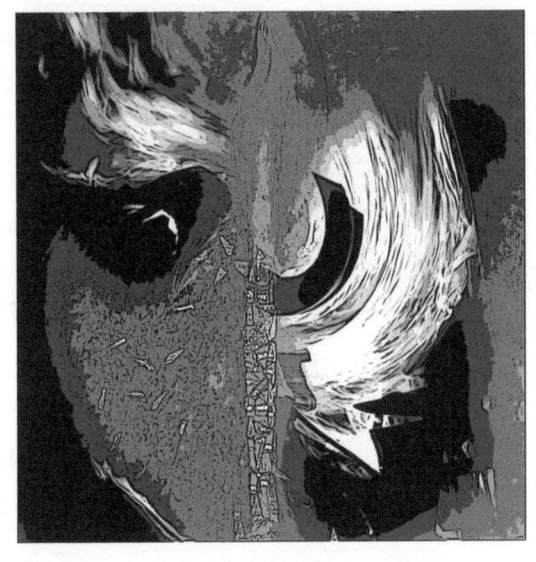

Menschliches Dunkel

Leidvoll und in mir unendlich reich
Ein Un-Gefühl für die Normerfahrung
Tiefgründig und auch erfüllend weich
Schien mir diese Gegensatz-Paarung.
So führte der Weg weit über Grenzen
Um fehlenden Seelenteil zu ergänzen.

Verlorenes Lebensgut tief zu erforschen
Und Seelenwandlung fein zu beleben
Lebensplanmäßig und frei von morschen
Altlasten Mutterschaft auch anzustreben.
Da führt der Prozess durch Berg und Tal
Macht mich spürbar transpersonal.

Die Heldin kennt die Fruchtwasserwelt
Luftatmend aufrecht erdig sie schreitet
Zur Umwandlung sich Erfahrung gesellt
Im Feuerlauf das Leid sich nun weitet
Aus diesem Kraftfeld mag ich steigen
Und der Umgebung Demut zeigen.

Pometheus hat das Feuer gestohlen
Als altes Motiv in den Schriften zu lesen
Auch Vogelgestalten wollten es holen
Es geht um Sinn - des Feuer´s Wesen.
Ein Nichtwissen um dieses Feuersymbol
Bringt keine Wärme und kein Wohl.

Sicherheit einfach in Nichts aufzulösen
Seinsfreude nur spontan zu erleben
Führt durch das Dunkel und auch Ösen
Um aus der Tiefe sich zu erheben.
Die Kraft des Feuers im innersten Kern
Lässt erstrahlen den ureigenen Stern.

Dem Herzen folgend und tief berührt
Schrittweise klärend mein Lebensgefüge
Herausgefordert und von oben geführt
Sehend des Schattenspiels dunkle Lüge
Die Mangel tänzelnd streut und Verdruss
Thema und Sinn ich erkennen muss.

Im Denken hat immer die Mehrheit recht
So denkt sie für dich und will es nicht lassen
Im Inneren fühlst du dich zwar schlecht
Kannst dein Eigenes deshalb nicht fassen
Bist verzweifelt und schaust von Weitem
Wie andere stolz ihre Wahrheit verbreiten.

Zwar siehst du am herrlichen Firmament
Unzählige Chancen und herrliche Träume
Im Hier und Jetzt doch lebst du getrennt
Vom Lachen und Locken großer Bäume.
Glaubst an das Zwinkern des Kiesels nicht
Fühlst in dir kein begleitendes Licht.

Das ständige soll ich oder soll ich es lassen
Macht träge - verläuft in schlafen und essen
Lebendiger Geist ist hier nicht zu fassen
Du denkst - es ist besser ihn zu vergessen.
Doch die wahrhaft suchende Seele findet
Was inniglich mit der Schöpfung verbindet.

Die Freude an den lebendigen Dingen
Kann ich zart mit dem Leben beküssen
Der Jahreszeiten buntschillerndes Singen
Das Gold - wenn Blätter erdwärts müssen.
Du tiefe Freude - mein Wesens-Schatz
Machst für meine Entwicklung Platz.

So in mir zu sein scheint gut zu taugen
Warum auch nicht - denn alles darf sein
Sich wiegen mit tief versenkten Augen
Lässt Funken ins Innere glühend hinein.
Wohlgefühl strömt sich körperlich aus
Das stille Gewahrsein reinigt das Haus.

Das Sein erkennen - Herz der Gemüter
Von aussen schauen was darin bleibt
Liebend zu grüßen den inneren Hüter
Bevor ihn das Denken wieder vertreibt.
Die eigene Stimme - der eigene Klang
Wird oft überhört ein Leben lang.

Es wird gehortet - getan und gedacht
Kommentiert und zerredet benannt
Zukunft berechnet und eng gemacht
Doch Zukunft ist stets unbekannt.
Den klaren Geist will fein ich erleben
Ohne mich über die Welt zu erheben.

Schwer ist der Weg und viel zu leicht
Verstricken wir uns in endloses Planen
Niemals wird mittig ein Punkt so erreicht
Geborgenheit lässt sich dumpf erahnen.
Vor mir steht nun ein heller Wächter
Der mich zart anstupst mit Gelächter.

Was denkst - glaubst und tust du hier
Wohlgefühl ist nur ein Wimpernschlag
Den ich jetzt fühle schenke ich mir
Verstreue ihn über den ganzen Tag.
Ich will beginnen Sekunden zu lieben
Mich entwinden einengenden Trieben.

137

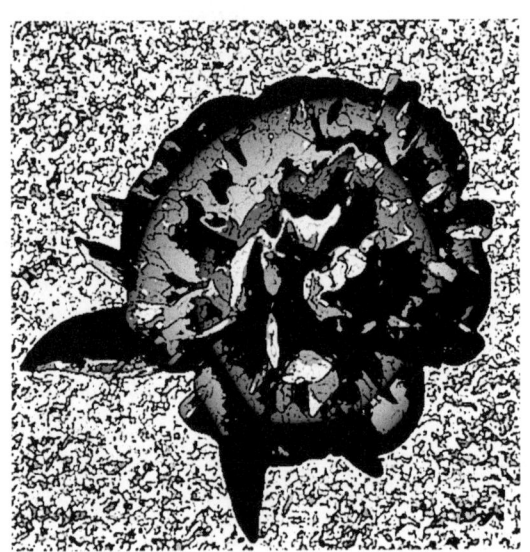

Es scheint als wäre alles in viel geteilt
Zusammen ergebend das ewige Wahre
Geteiltes trennend dem Vielen nacheilt
Listig entwickelnd die Gegensatzpaare.
Sich stark und andere schwach zu halten
Trägt dazu bei die Einheit zu spalten.

Stoff und Geist sind ein rundes Gewinde
Das dringend einander ständig sucht
Gleich einem herrlichen Blumengebinde
In dem keine Blume die andere verflucht.
Weil anders sie duftet oder auch schmeckt
Hat sie der Nächsten Schönheit entdeckt.

Oft wagen wir nicht uns selbst zu fragen
Herzhaft - wie es unserem Inneren geht
Verbote und Regeln haben das Sagen
Sich dadurch keiner mehr selbst versteht.
Der Geist des Mitgefühls ruft heute laut
Erkenne dein Leben - das dich erbaut.

Spontanes Empfinden - ein offenes Tor
Durch das es gilt sein Wesen zu führen
Heilsam nährend - Natur macht es vor
Wenn Geist und Körper einander spüren.
Romantisch zauberhaft fühlt es sich an
Verbindet sehnsüchtig Frau und Mann.

Im Außen und Innen - so lebe ich hier
Hin und her als verwandeltes Wesen
Gönne hingebungsvoll Eigensinn mir
Durfte durch kosmische Kraft genesen.
Weise Themen rundum hier gefunden
Mitgefühlend Stoff und Geist verbunden.

Farbe und Form bilden inneres Heim
Symbolverarmt - der sich dem entzieht
Durch Ur-Erlebnisse gestaltet zu sein
Der heutige Mensch dem oft entflieht
Jagt den Gewässern des Geistes nach
Sein unterbewusstes Drama liegt brach.

Bilder der Seele entstehen aus Mythen
Ur-Mensch wollte die Sonne verstehen
Bemühte sich Tag und Nacht zu behüten
Im Mond die silberne Göttin nur sehen.
Im Leben die Gottheiten einzuschließen
Schien der frühe Mensch zu genießen.

Mythen - psychische Manifestationen
Flimmern als Seelengestalten vorüber
In uns - in der Hölle und überall wohnen
Sie lachend grollen - hängend kopfüber
Grausige Dinge entsteigen als Bilder
Mal bin ich Fee und mal ein ganz Wilder.

Herr und Frau Gott - kann es das geben?
Menschen gleichen gezähmtem Strom
Akzeptieren ein Credo im Nichtausleben
Laufen dem rufenden Fluss davon.
Magischer Schutz kommt aus den Tiefen
Die mich heilend ins Kosmische riefen.

Beginne - in eigenen Bildern zu wandeln
Wer sich verweigert und das mit Denken
Mag vernünftig und äußerlich handeln
Aber die Kurzsichtigkeit nicht bedenken.
Voreingenommenheit - harter Beschluss
Immer zur Schreckensangst führen muss.

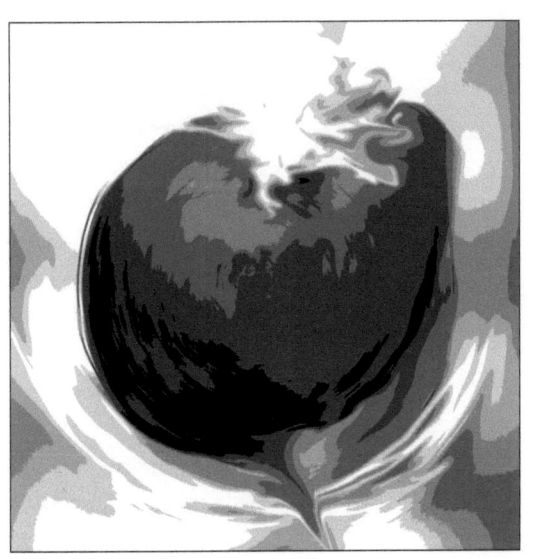

Ursprünglich wollte ich ES malen
Das rufende innere Bild des ICH BIN
Mir kommen Worte und auch Zahlen
Buchstäblich lockend in meinem Sinn.
So nehme ich das Gedicht als Grund
Schwarz auf weiß - mit etwas bunt.

Pulsierend in mir ist ein stillfeines JA
Der offene Raum - der Schöpferwillen
Licht und die Weite sind keine Gefahr
Ich weiche aus den morschen Rillen
Der alten und festgefahrenen Bahnen
Spurengeprägt durch unsere Ahnen.

Licht kann niemals sich selbst anhalten
Ist Entwicklung - ruft ständig das Leben
Geraume Zeit irrt der Mensch gespalten
Erlebt sein Wesen selten im Schweben.
Kummervolle innere Dunkelkammern
Führen zum täglichen Mangeljammern.

Der Körper ersehnt das zeitlose Hellsein
Will höhere Intelligenz jetzt entdecken
Das dritte Ohr hört deutlich und fein
Will wissend die Intuitionen erwecken.
Menschen werden der Kraft sich gewahr
Das Neue entwickelt sich unmittelbar.

Sonnenschein schenkt freudig die Kräfte
Planeten friedvoll das Ganze umkreisen
Neues fließt wohlig ein - fördert die Säfte
Im Windeshauch grüßen leise die Weisen.
Geheimnisvoll kehrt wieder Ordnung ein
Innerer Frieden und willkommendes Sein.

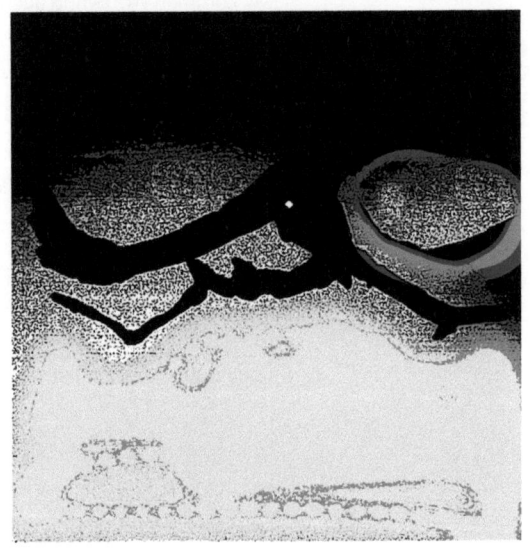

Grauen ist Vordergrund des Schönen
Des Wunders hier und im allgemeinen
Das Dunkel wünscht sich zu versöhnen
Will gut mir sein und mit sich im Reinen.
Da rollt sie an - die Wolke des Grauens
Ich spüre die Qual des tiefen Schauens.

Lodernd grollt es zum Fürchten nah
Will wieder mich in die Tiefe ziehen
Blitzschnell wird mir plötzlich klar
Leichtigkeit wird von oben verliehen.
Dunkle Bestie - komm her liebstes Tier
Leite mich weiter und bleibe bei mir.

Es liegt gar schwer auf meine Augen
Ich kann nichts sehen - bin überfallen
Spüre die Kräfte und wie sie auslaugen
Über mir Geister triadenhaft wallen.
Die Seele will mich im Fürchten finden
Und graue Schwere sanft überwinden.

Fern winken mir zu die hellen Sterne
Regenbogen am Felsen sich spiegelt
Wärmende Nähe lockt aus der Ferne
Helles am Ende das Dunkle aufwiegelt.
Ich liebe es mit den Bildern zu spielen
Die aus der Tiefe nach oben zielen.

Wieder dunkelt es mich mit Schaudern
Bewusst mich wendend zum Innenraum
Gehe in Stellung ohne zu zaudern
Schaue erneut auf den ewigen Traum.
Erlebe das Dunkel jetzt hell und weit
Tanze im Zwielicht von Raum und Zeit.

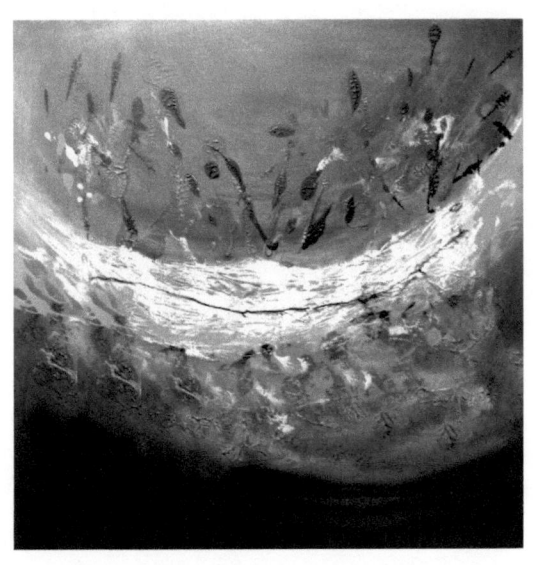

Übergänge

Die alten Hüllen müssen fallen
Gleich dem Zwiebelbild mit Häuten
Welten - die jetzt aufeinander prallen
Umfassend Wandlung uns einläuten.
Klingt sie leicht und traumhaft schön?
In ihr tönt klar das Vorwärtsgehen.

Intelligent Gebrauch zu machen
Vom zauberhaftem Wechselrahmen
Lässt mich wahrlich herzlich lachen
Ruft der Schall laut meinen Namen?
Sehe mich rücksichtslos geduldig
Bin den Alten nichts mehr schuldig.

Kunst der Beherrschung - so ich fühle
Bezieht sich auf einen hellen Punkt
Mein Blick wird klarer für die Kühle
Gleichzeitig Wärme in mir funkt.
Der Adler strahlt mir Erhabenheit zu
Ruft aus der Höhe- jetzt bin ich du!

Das Energiefeld wirkt auf der Stelle
Das niemals vorher ich so gespürt
Wie eine leichte und tragende Welle
Mich überflutet und weich überführt
Als wäre ich nie auf der Erde geboren
Und nicht im alten Glanz festgefroren.

Unvorstellbares deutlich zu schauen
Absicht - kosmisch bewusstes Werden
Führt mich durch das Feld im Grauen
Fordert mich auf - anders zu sterben.
Meinen jetzt weit geöffneten Raum
Bewusst zu schauen - ist ein Traum!

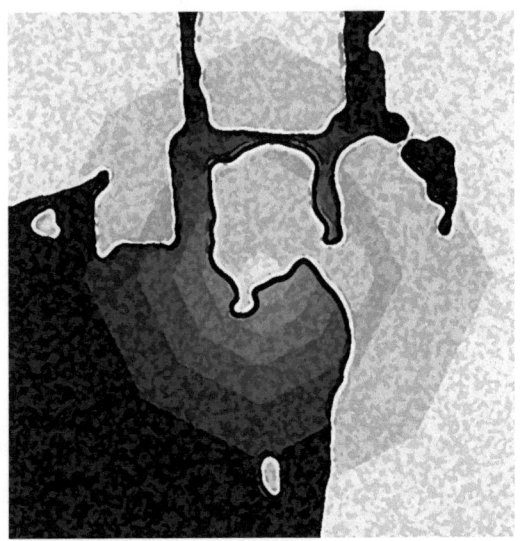

Klang und Licht uns weiten können
In feineres und helleres Netzgefäde
Ich will es nicht genau benennen
Denn Erfahrung versinkt im Gerede.
Veränderung im Menschen schwingt
Freischwebende Seele namenlos singt.

Kausal geht es tiefer und auch weiter
Lauter und klarer - pur wird der Klang
Fasziniert bin ich und auch heiter
Fesselnd und ziehend ist der Gesang.
Anziehung strömt und will mich fassen
Fordert stumm Schöpferkraft zuzulassen.

Was hier ist und dort sind du und ich
Ausgeprägt durch Äonen von Zeiten
Jetzt sucht ein jeder die Mitte in sich
Um eigene Herzenskraft zu verbreiten.
Zeiten krampfhaft zielender Zwänge
Brachten nur Verzagen und Enge.

Ich will tanzend dich betrachten
Mich inniglich offen zu dir wenden
Dich als Mitmensch liebend achten
Und Freude in den Kosmos senden.
Einfach dies Zeitblühen geniessen
Leichtherzig dir das Leben versüßen.

So ist es jetzt und bleibt nicht stehen
Mein Bewusstsein es stets ahnte
Maßvoll will meinen Weg ich gehen
Lächelnd erkennen das Selbstverplante.
Es scheint die Gnade des Jetzt zu sein
Mich nun zu finden im ganzen All-Ein.

Ich stolpere über den Ausdruck - diesen
Welche Bedeutung will in mir kommen?
Das Wort wurde einfach mir zugewiesen
Und alles Gedachte ist mir genommen.
Das wissende Meinen in meinem Gehirn
Fühlt sich an wie ein mächtiges Schwirren.

Urton - Metapher der obersten Wahrung
Fließt in mich ein und will mir was sagen
Schwingt wie leuchtende Offenbarung
Möchte gefühlt sein - so will ich es wagen
Mich einfach zu öffnen für diesen Klang
Der mich gerade so lieblich durchdrang.

Geburt und Dasein - dann das Vergehen
Das AUM ruft in den kosmischen Kreis
Die Stille - so darf ich es jetzt verstehen
Führt im Kreuzsymbol seinen Beweis.
Im Viersein alles von nun an zu schauen
Vierer-Klang-Wirkung zielt auf Vertrauen.

Was kommt hoch - will sich aufrichten?
Es ist die Vorherzeit unserer Ahnen
Evolution ist ein Weiten und Dichten
Menschen können sich nicht tarnen.
Es lösen sich auf die Gegensatzachsen
Um gemeinsam in Weisheit zu wachsen.

AUM ist der Sterbeweg hin zum Leben
A steht für Geburt und U für das Jetzt
Das M will nach der Auflösung streben
Erkennend fühlen - nach oben versetzt.
Der vierte Buchstabe ist nur die Stille
Aus ihm heraus tönt der Schöpferwille.

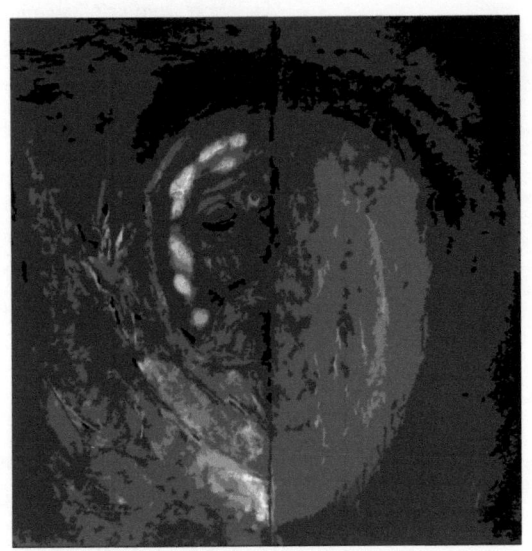

Gedanken - mythische Datenbank
Kollektiv sicher und im Ganzen vereint
Innere Reichtum so langsam versank
Änderung wird mit Abwehr verneint.
Neu erwacht Wissen im Zeitensprung
Sprengt erstaunlich die Erinnerung.

Exakt scheint nichts auf dieser Welt
Kein Wetter ist sicher - hier oder dort
Was der Wissenschaft noch gefällt
Schnell weht der Wind Erfasstes fort.
Atome sausen umher - und wir auch
Durch tiefe Höhen - Erde und Rauch.

Wo siedeln die Blasen im heißen Topf
Welche Wolke formt sich gleich wie
Welcher Strom durchflutet den Kopf
Wie fühlt der Mann - wäre er eine sie?
In jeder Sekunde verändert sich alles
Aufgeschlossen für den Fall des Falles.

Schöpfertum sich Unsagbarem neigt
Die neue Vision erwacht im Moment
Des Genies Fähigkeit sich darin zeigt
Das es jetzt festhält und heute erkennt
Was morgen erst die Welt kann sehen
Wissenschaft will sich weiterdrehen.

Zurück zu dem Punkt wo sie entstanden
Im Schöpferrevier und Reich der Fügung
Wo Mystiker fein die Konturen umranden
Nach umfassender stiller Atemübung.
Natürliches Verlangen schürt Intention
Kraftvolles Handeln enthüllt sich als Lohn.

Flatternde Liebschaft - Grund zur Ehe?
Grund ist Verpflichtung zu dem was ist
So achte jeder - dass im Partner er sehe
Den tiefen Grund und den nicht vergisst.
Bessere Hälften einander stets spiegeln
Symbolisch sie dies mit Ring versiegeln.

Liebschaft dient verzücktem Vergnügen
Das ist schön - kann wohltuend sein
Wer das verwechselt - ist schon zu rügen
Er schneidet ins eigene Fleisch sich hinein.
Der feine und sinnvolle Unterschied ist
Wahrnehmung - dass du Ergänzung bist.

Verpflichtende Treue - klingende Worte
Einander verbunden als zwei Wesen
Wertschätzung niemals dann ausdorrte
Wenn bewusst ich den Partner erlesen.
Zusammenhalt pflegt den Kern in Sache
So ich Zweisein zur Hauptsache mache.

Wie immer es um die Kinderschar steht
Zwei - ein Paar - dienen Höherem hin
Egal wie im Laufe der Jahre sich´s dreht
Beziehung sagt mir auch - wer ich bin.
Es geht um die Achtsamkeit im Feinen
Gleich dem Yin Yang sich zu vereinen.

Der Diamantring - unendlich prächtig
Formvollendeter bindender Schmuck
Macht innen reich und aussen mächtig
Ist unbezwingbar bei Härte und Druck.
Aufrecht nach oben gekehrt und rein
Welches Symbol könnte höher je sein?

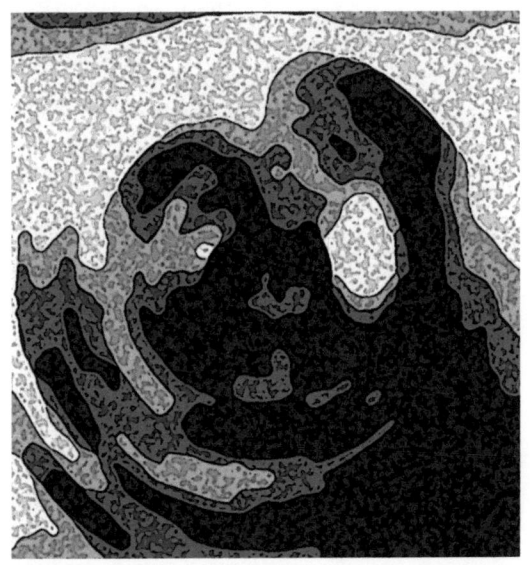

Wenn der Seele die Macht übergeben
Schwindet brennend starkes Verlangen
Die Seele kann atmen - sich neu erleben
Fort sind Habgier und das leise Bangen
Im Raffen sich nicht ängstlich zu drehen
Um wahre Lebendigkeit neblig zu sehen.

Habgier umwölkt die sehnende Seele
Körperkraft sinkt und fällt in das Dunkel
Ständiges Wollen und Was-nun-Gequäle
Im Bund des Klagens - teils auch Gemunkel
Schwimmt Wesentliches und ist verstimmt
Mut und Herzenskraft deutlich abnimmt.

Kein Klang führt mehr zu höheren Tönen
Unreines Reden verkrüppelt Gedanken
Schwer und träge lässt sich´s versöhnen
Die Anderen lassen dich im Wanken.
Solange - bis dein Ton dir kommt nah
Hörst du nicht zu - macht er sich rar.

Heißt im Klartext: Willst du dich freuen
Mutig entschlossen auf neuen Wegen
Freude bedeutet auch nichts zu bereuen
Dankbar wandern im Tal und bei Regen
Hin und wieder durch Schluchten gezerrt
Dein Schatten fühlt sich nicht abgewehrt.

Im Gipfelglück wohnt die Erfahrung inne
Lässt rückblickend zärtlich Wehmut spüren
Klar sind die Chancen in lebendigem Sinne
Durch Wachsamkeit lasse ich mich führen
Lauschend schauen - mich dabei drehend
So viele Blickwinkel machen mich sehend!

Kein Material an sich ist vorhanden
Kreatives Entstehen ist die Intelligenz
Wie elementare Teilchen auch landen
Kosmische Schwingung wirkt immens.
Wort und Klang zersplittern das Licht
Dieses zerlegt sich Schicht um Schicht.

Mag der Mensch das doch verstehen
Dass er sich stets selbst neu erbaut
Die Schöpfung will nur mit uns gehen
Schützt bewusst den - der es erschaut.
Die Erde will sich prachtvoll entfalten
Im Neuen - nicht im Sumpf des Alten.

Frequenzen summen in den Sinnen
Wecken - fordern - wollen strömen
Können die Welt ganz neu erspinnen
Des schweren Denkens uns entwöhnen
Um frei und erfüllt das Sein zu leben
Der eigenen klar Quelle zuzustreben.

Reiner Gedanke und glasklarer Sinn
Das Höchste will in uns sich lieben
Bewusstsein heißt der große Gewinn
Vibrierend schweben und aussieben
Qualen und Leiden der Vergangenheit
Sie endlich vergessen - weltenweit.

Das Sonnensystem zieht uns stets an
Verbindung will es deutlich zusenden
Entwicklung treibt Tod im Leben voran
Beseelt im Gleichmut will ich vollenden
Harte Substanz in mir weich befreien
Den inneren Frieden unendlich weihen.

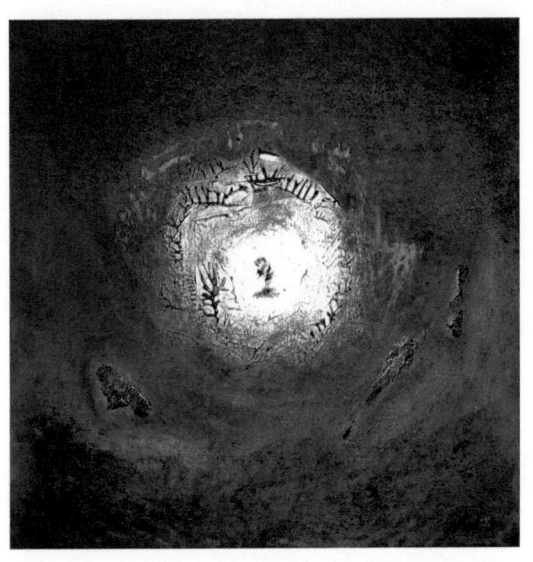

Die Wirbelsäule ist der Welt Lesebuch
Sieben Stufen sind ihr zutiefst eigen
Ich mache hier einen leisen Versuch
Dass Wirbel-Geheimnis kurz aufzuzeigen.
Psychische Zentren in uns stets wohnen
Ein Blick hinein kann heute sich lohnen.

Das erste ganz unten hat Grundfunktion
Dient der Ernährung - ist der Lebenserhalt
Hier haust die Schlange mit feurigem Ton
Sie frisst Gelebtes und macht es totkalt.
Gefressenwerden heißt grausam sterben
Doch Widerstand führt auch ins Verderben.

So entstehen menschliche Blockaden
Tödliche Hingabe - nein - ein Grauen!
Auf Ebene zwei nun folgend dem Faden
Fortpflanzend Paare sich stets schauen.
Punkt drei - der Nabel - Wille und Macht
Kraftvoll Selbstbeherrschung hier wacht.

Diesen drei Zentren das Herz regiert
Mitgefühl steht jetzt über den Trieben
Austausch waltet und symbolisch verliert
Sich das Tier - der Mensch lernt lieben.
Mitmenschen werden achtsam bedacht
Ein Ebenensprung ist endlich vollbracht.

Geistige Geburten erfüllen unser Ohr
Neues Licht strahlt hinein in die Bahnen
Punkt Sechs tritt geläutert als Auge hervor
Lässt alles erkennen oder auch ahnen.
Die Schlange steigt zum Scheitel empor
Und öffnet - siebtens - das Himmelstor.

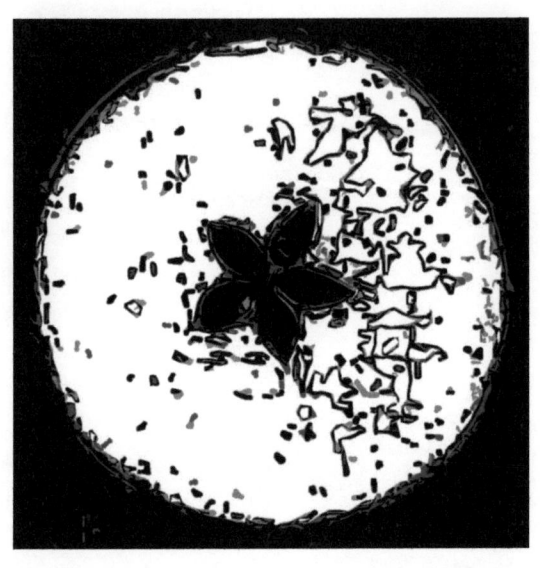

Allumfassendes

Es reizt mich Bilder zusammenzufügen
Die Zeit - ich höre sie toben und schreien
Zu tauchen in ihre Wahrheit und Lügen
Abwertsdrängendes schnell zu entweihen
Ist nicht leicht doch führt zum Vergeben
Um evolutionsgerecht wacher zu leben.

Innovativ will der Mensch sich zeigen
Weltbeherrschend - klug einnehmend
Hat lange verlernt sich zu verneigen
Die Ignoranz ist wahrlich beschämend.
Spielarten der übergeordneten Kräfte
Sind nicht weg-reif für reine Geschäfte.

Das Wörtlein "rein" hat so viele Facetten
Vom hellen Geist bis zur klaren Form
Wie schimmernde Perlen - noch in Ketten
Erblüht bald die neue Gesellschaftsnorm.
Sie zu erkennen - vom Herzen her leben
Das wird die Menschheit jetzt anstreben.

Noch ist die Welt chaotisches Treiben
Aus dem bekanntlich Neues erwacht
Nicht durchschaut wird vieles sich reiben
Bis die Verwandlung tritt aus der Nacht.
Denn in ihr sind die Bilder verborgen
Erkenntnis wartet im rosigen Morgen .

Der Einzelne ist gefragt jetzt im Schaffen
Als Schöpfer seiner Natur zu entspringen
Sich zeitgemäß und frei aufzuraffen
Authentisches Selbstsein froh zu erringen.
Der Himmel will die Natur nur verführen
So - wie Mann und Frau sich berühren.

Schimpansenmann ist deprimiert
Ein Wesenszustand auf dieser Welt?
Das Weibchen fragt sich was passiert
Wenn der Kerl in das Dunkel fällt.
Erschüttert durch alten Seelenschmerz
Bricht ihm jetzt nahezu das Herz.

Psyche und Körper - ein Zwillingspaar
Auf dem Wege sich zu evolvieren
Krankheitsbilder sind Zeichen - klar
Muss dieses und jenes uns passieren?
Irdisches formt sich jetzt in Schnelle
Fordert die Erdenbewohner zur Stelle.

Der geistige Ruf in das neue Werden
Bindet Fortschritt in weise Formen
Entwickelt sanft Mitgefühls-Gebärden
Führt uns in neue Weltstaatsnormen
Im Neuen scheint nichts mehr normal
Ein Jeder steht jetzt am Marterpfahl.

Dimensionen durchwirken uns alle
Jäger- und Sammlerkulturen wanken
Die Evolution stellt uns vor die Falle
Gerät nun unsereins ins Schwanken?
Ist Übergewicht wirklich Überfluss?
Verlorenes Gut erspürt werden muss.

Wie wird das ändern die Lebenslage?
Schimpansenmännchen weiß es nicht.
Weibchen lauscht weise dieser Frage
Spürt intensiv - der Kerl braucht Licht.
Evolution schwingt sinnvoll im Weiten
Um dadurch die Zukunft aufzubereiten.

Wirksam rufen vier Quadranten
Zeigen auf das Umfassende hin
Formen weisen in die bekannten
Linien und Ebenen mit tiefem Sinn.
Lebensarten sich winden ins Lot
Werden lebendig durch ihren Tod.

Heute tanze ich leicht und offen
Kopfwissen tut in der Tiefe gut.
Hab mich selbst in mir getroffen
Spüre Wohlstand und auch Mut.
Lächeln spielt um meinen Mund
Ein Quadrant wird dadurch rund.

Wort- und werteringend schauend
In die verwirrende Zeitqualität
Wachsam mich selbst aufbauend
Jetzt ohne Meister und Prophet.
Die weiße Kerze raucht noch grau
Führt mich in meine Innenschau.

So kann ich gründlich in mir sein
Präzise spüren - was kommen mag
Spürbar zart wächst der neue Keim
Stärkt die Spirale - begrüßt den Tag.
Vergessen ist verwurzeltes Raunen
Bin präsent und erfüllt im Staunen.

Wir schwingen sanft im Gegensatz
Forschend nach diesem stillen Kern
Der Kosmos hütet der Weisheit Schatz
Eros und Logos sind sich nicht fern.
UNS ruft die Stimme des Planeten
Das hohe Ziel stets klar zu vertreten!

Gibt es ein planetarisches Sein?
Ich spüre leise - was da schwingt
Ahne Licht hinter blaugrauem Schein
Frage mich - ob es jemals gelingt
Den Dialog mit gestern und morgen
Loszulassen - mich nicht zu sorgen.

Liebe werden in menschlicher Form
Ist der Weg - den alle wir suchen
Doch gefangen in Alltag und Norm
Viele das innere Ahnen verfluchen
Welches tobt und dann ganz still
Uns stärker denn je bestätigen will.

Kampflos siegen und mehr spüren
Musische Formen in uns erklingen
Fein und nervig mich dazu führen
Mir neue Klarheiten beizubringen
Um sanft zu fühlen mein - ich bin
Mit stark aufstrebendem Eigensinn.

Ein Teil einer neuen Erde zu sein
Alles zu geben - sicher zu nehmen
Klang erkennen im mein und dein
Niemals sich über Altes schämen
Im Herzen sich stetig neu erinnern
Sterne zeigen es durch Schimmern.

Ausdruck des stillen Seins geniessen
Integriert in die Bildung der Erde
In sich spüren das eigene Fliessen
Ohne Schmerz oder Klagengebärde.
Facetten der Verbundenheit zeigen
Im liebenden Leben sich verneigen.

Kraftgebündelt einfach leben
Eigenwillig - frei von Abwehr.
Lässt den alten Schmerz aufstreben
Seelenlasten sind nicht so schwer
Farbenlicht will mich berauschen
Wirken und in die Tiefe lauschen.

Schichten mutig zu durchdringen
Fein geklärt und nicht benannt
Was kann mir jetzt frei gelingen?
Wo fühle ich mich anerkannt?
Ob mit Führung oder auch nicht
Was bedeutet die Lebenspflicht?

Gutes will ich stets verbreiten
Gemeinsam gehen mit der Zeit
Einsam meinen Weg beschreiten
Liebend und mit Heiterkeit
Führt er mich zum Ganzen hin
Zielklar mit Gemeinschaftssinn.

Gruppenbildung ohne Zwänge
Tief erhaben neu gestaltet
Nicht mehr in der alten Enge
Oberflächlich und verwaltet
Ein frisches offenes Verhalten
Rundherum will sich nun entfalten.

Einzig dürfen wir jetzt sein
Selbstbewusst die Folgen tragend
Ohne Hemmung - ohne Schein
Mit weitem Blick nach vorne fragend
Was ruft dieses alles wach
Unter unserem Himmelsdach?

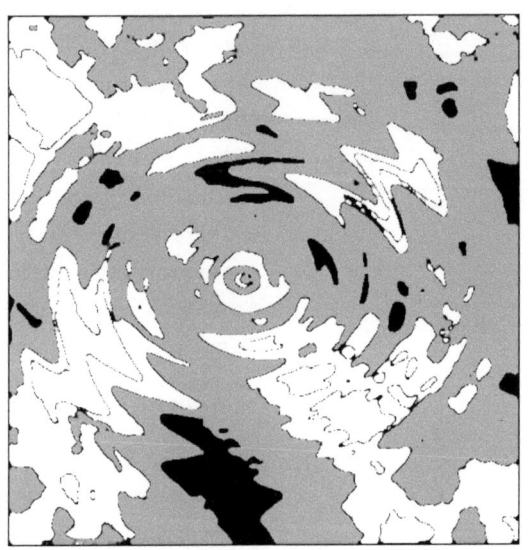

Oh - da flackert lichtes Erkennen
Der Leib rückt sanft in mein Visier
Will es Selbstwahrnehmung nennen
Weit aus der Ferne grüßt ein WIR
Verschmilzt das Alte in das Neue
Mit klarem Sinn und ohne Reue.

Des Leibes Sinn hat sich verschoben
Regional nach unten verbannt
Hat neuen Mythos sich gewoben
Längst sind Folgen uns bekannt
In eiskalte Wissenschaft gekleidet
Ein Kopfmensch deutlich daran leidet.

Doch was ist Leid - wie erbleiche ich?
Verstehe nichts und glaube alles
Und dann stürzt sich klar auf mich
Schmeichelnd nun der Fall des Falles
Fragt nach linderndem Medikament
Das man gerne Fortschritt nennt?

Fortschritt ja - doch nur für das Ganze
Rückschrittlich horchen in mein Sein
Nie ringen Stein und Zauberpflanze
Um das Spalten von dein und mein.
Ach - ihr betörenden Körpertücken
Oft lichtet ihr dunkle Lebenslücken.

Da schreibe ich nun meine Zeilen
Die Nerven singen - das Herz hat Ruh
Ich kann gewogen in mir weilen
Höre bewusst dem Augenblick zu.
Wenn mein Leibsinn flüstert: NEIN
Lasse ich Gutes besser sein.

Bewusstseinsstrukturen überwinden
Auf frischer raumzeitfreier Welle
Wird eine Teilmenschheit jetzt finden
Langsam pulsierend in der Schnelle.
Die Entprojizierung es mancher nennt
Indem er die Weltstrukturen erkennt.

Schwer lagert Zeit jetzt auf den Zeiten
Mental-Lineares auf mythischem Grund
Darunter Magie in den urigen Weiten
Die einst die Erde zog in den Schlund.
Doch nun ruft der Sprung ins Integrale
Und sprengt massiv die Mental-Ideale.

Es lösen sich Formen - wie wir sehen
Die Evolution stellt Neues bereit
Viele im Mangel um Beistand flehen
Im Zweifel hohldrehend ihre Zeit
Nichtwissend was das Leben sie fragte
Das betrifft Junge und auch Betagte.

Sprunghaft vorwärts treibt der Wandel
Die Menschheit ist scheinbar defizient
Erschöpft und süchtig im Weltenhandel
Die Zeit bedrohlich daneben rennt.
Bewusstseinskraft nur lauwarm brennt
Geistige Haltung nicht jeder erkennt.

Transformation ruft Zeitfreiheit auf
Den Ursprung der Zeit neu zu erfassen
Erkennend das Hohe im Weltenlauf
Und Kernzündung in sich zuzulassen
Datenlos sich diesem Urquell ergeben
Im Überwinden mich vollblütig leben.

Mensch - zum Sprechen auserkoren
Fühlend im Atmen und Ernähren
Zur eigenwilligen Bewegung geboren
Kosmischen Klang will er verwehren.
Die Evolution jedoch ist sehr präsent
Fordert - dass jeder sich selbst erkennt.

Summend singen - pfeifend reden
Voller Vertrauen nehmen wir an
Vielfaches Trennen der Klangfäden
Taub wird Inneres schnell dann.
Klang lässt die Materie schwingen
Im feinen Schall uns neu erklingen.

Er ruft HÖREN und SEIN zur Stelle
Wirklichkeit wird zum weiten Raum
Gleich einer sanfttreibenden Welle
Schleudert er kraftvoll wie ein Baum
Ins Himmlische dunklen Erdenton
Die Einheit winkt mit ihrem Lohn.

Das irdisch Gierige will nun sterben
Neues daraus sich lebendig entfalten
Der Geist will weiter Raum erwerben
Abschied gilt abgelebtem Verhalten.
Wer weich durchschreitet diese Wand
Mit öffnet das Tor für ein neues Land.

Das neue Feld ist das Gleichgewicht
Wohlbemerkt tief im Menschen drin
Wenn Innenleben dort nicht zerbricht
Führt es das Aussen zur Freude hin.
Sind diese Pole gesund verbunden
Wird lauschend Resonanz gefunden.

In mir brennt es - ruft ganz leise
Die Entspannung winkt von Ferne
Achtsam lausche ich und reise
In den Innenraum und lerne
Anerkennend den Ur-Eigensinn
Und gebe mich dem Brennen hin.

Kann nicht stoppen - will es tun
Will die alten Wurzeln lieben
Und auch wohlig in mir ruhen
Wilde Wolken weiterschieben
Wesentliches tief durchschauen
Das Himmlische in mir erbauen!

Es gewinnt stark an Bedeutung
Trotz des Windens und der Härte
Zielgerichtet - klare Häutung
Die so oft ich mir versperrte.
Weichgeliebt durch meine Hände
Ich mein Wesen nun vollende.

Ganzheitlich den Sinn erfahren
Stimmigkeit - Licht im Gedanken
Kann ich klaren Geist bewahren
Selten komme ich ins Wanken.
Leichtes Wandern macht sich breit
Ein Vorgeschmack von Ewigkeit.

Lebenssteine - Weltenformen
Leiten weise Schritt für Schritt
Führen aus den dichten Normen
Und der Nordwind nimmt mich mit.
Flüstert zärtlich dann im Eilen
Du - mein Liebes - darfst verweilen.

Landkarte - entfalte dich
Spuren werden weite Wege
Klarer Kurs entwickelt sich
Mitgefühl ist warm und rege
Offen fragt in meinem Jetzt
Wer und was hat wen verletzt?

Weiter hinfühlen - ganz präzise
Hören auf mein Innenrauschen
Schöne Töne und auch miese
Melden sich im Körperlauschen.
Staune - wie er stöhnt und singt
Und was wahrhaft darin klingt.

Traditionen klar verstehen
Schichten sehen - wach abtragen
Immer tiefer kann ich sehen
Stelle mir ganz neue Fragen.
Wann ist Liebe und wann nicht?
Geliebtes Dunkel - werde Licht.

Seid willkommen Dimensionen
Geladen sind die Geisteskräfte
Leichtigkeit will in mir wohnen
Und im Fluss sind meine Säfte
Strömen dankbar vor sich hin
Schenken wahren Lebenssinn.

Alles will sich einmal wenden
Menschenkinder ändern sich
Wollen Innigkeit aussenden
Fühle mich in deinem Dich.
Lebe dankbar Schritt für Schritt
Weltengeist - ich gehe mit!

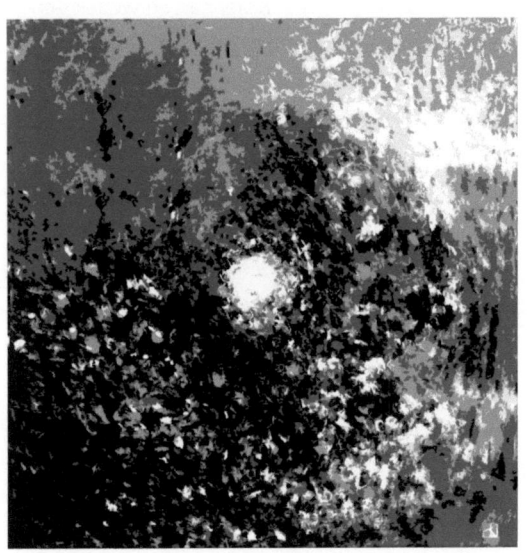

Vorpersonal	**Da ist** mein Körper - wandelt umher
	Blauer Geist strömt ins Ungewisse
	Vorstellungen - so leicht und schwer
	Die Gegenwart zeigt auf ihre Risse.
	Durch Verblendung täuschend lockt
	Das Ego - das noch im Dunkel hockt.

Personal	So denke ich mich in meine Form
	Suche auf Oberflächen nach Tiefen
	Mein Schatten bläht sich auf enorm
	Erst dachte ich - die Geister schliefen
	Festgefahren in ureigenen Kreisen.
	Ich spüre - wie ihre Seelen anreisen.

Transpersonal	Mühsam lernt mein Auge schauen
1. Stufe	Der Blick stürzt hart an alle Grenzen
	Ich will auf den Ruf der Bilder bauen
	Symbolhaft sie mich jetzt ergänzen
	Spielen und tanzen mit dieser Sicht
	Lächeln vor dem jüngsten Gericht.

Transpersonal	Formen zeigen mir Licht und Leere
2. Stufe	Ohr und Herz sich zusammenlegen
	Gleich dem Schiffer auf seiner Fähre
	Gedankenströme mich nicht erregen.
	Alte Konturen lautlos verschwimmen
	Um als ein Funke neu zu erglimmen.

Kosmisch	Der Funke ist der Punkt zum Staunen
	Er strahlt auf die Ebene gleicher Zeit
	Deutlich höre ich ihn mir zuraunen:
	Schau nicht zurück und gehe bereit
	Hand in Hand mit dem Einen was ist
	Dann hast du niemals etwas vermisst.

Meine tiefe Dankbarkeit gilt meiner Mutter, die am 1. 7. 2012 diese Welt verlassen hat. Ihre Liebe zum Dichten lebt in mir weiter.

Ein frohes DANKE richte ich an meine Töchter, meinen Vater und meine Brüder mit Familien, die mich stets auf mehreren Ebenen kreativ unterstützt haben.

Dankbar bin ich allen Freundinnen und Freunden für die liebevolle Ermutigung und Begleitung auf meinem schöpferischen Weg.

Petra Krönner
Murnau am Staffelsee - Oktober 2013

So schöpferisch die menschliche Phantasie auch sein mag, die Grundformen begegnen uns immer wieder. Sie sind in unserer inneren und äußeren Natur vorgegeben. Das neu zu entdecken setzt Imagination voraus. Diese Grundkraft ist für mich ein Knotenpunkt für unser menschliches und weltliches Weiterkommen.

In meinen Gedichten, Wortbildern, Naturobjekten und der kreativen Arbeit mit Menschen erlebe und spüre ich den wahren Kontakt zur Schöpfung und ihren vielfältigen Formen sowie die kraftvolle emotionale Energie, die diese Verbindungen bewirken.

Nach dem Studium (Fachhochschule für Gestaltung in Hamburg) führte mich mein Weg als Designerin und Art Directorin viele Jahre durch die Welt u. a. mit längeren Aufenthalten in New York, Frankfurt, Basel, München und Oberbayern. Es folgte die Weiterbildung zur Kreativitätstrainerin (APAKT / Institut für tiefenpsychologische Kunst- und Gestaltungstherapie in München) mit dem persönlichen Gewinn der Selbsterfahrung, die in der speziellen Kombination von Psychoanalyse und bildnerischem Medium liegt. Eine Methode, durch reine Erfahrung die inneren Bilder sehen zu lernen und zu entwickeln.

Langjährige Praxis und Fortbildungen in den Bereichen Körperzentrierung, Heilkunde, Aromatologie, Musik und Klang, Systemisches, Psycho- und Typologisches, Focusing sowie Bewusstseinsforschung haben mich zur Kreativen Prozessgestaltung geführt. Diese besteht nicht aus stabilen Einheiten, sondern erzeugt die nächsten Schritte.

Ich freue mich, wenn Sie meine Internetseite besuchen: **www.artintegral.de**